# 销售巨人
# SPIN SELLING

听20位大咖讲述堪称范本的成交过程

崔小西 ◎ 著

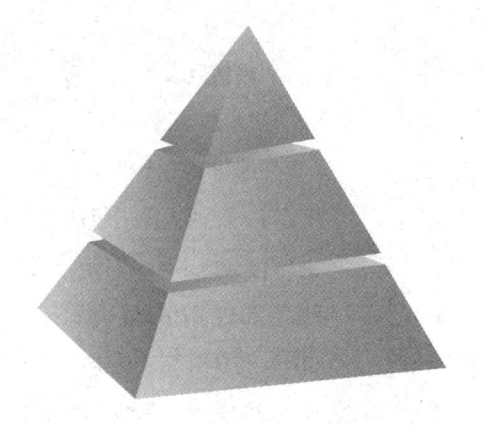

江西人民出版社

图书在版编目（CIP）数据

销售巨人 / 崔小西著. -- 南昌：江西人民出版社，2017.10
ISBN 978-7-210-09369-5
Ⅰ.①销… Ⅱ.①崔… Ⅲ.①销售－方法 Ⅳ.①F713.3
中国版本图书馆CIP数据核字（2017）第086640号

## 销售巨人

崔小西 / 著

责任编辑 / 冯雪松
出版发行 / 江西人民出版社
印刷 / 北京柯蓝博泰印务有限公司
版次 / 2017年10月第1版
2019年5月第2次印刷
880毫米×1280毫米　1/32　7印张
字数 / 140千字
ISBN 978-7-210-09369-5
定价 / 26.80元
赣版权登字-01-2017-325
版权所有　侵权必究

---

如有质量问题，请寄回印厂调换。联系电话：010-64926437

# 前　言
Preface

销售是一门学问,它需要销售人员完美地融理念、知识和技巧于一身,在销售过程中灵活运用各种销售技巧,赢得客户的青睐。销售还是一个辛苦的职业,它对人们提出的挑战更多地体现在精神和意志上。

时代大环境为千千万万的销售员提供了成功的机会。与此同时,残酷的竞争和考验也如淘沙的大浪,在汹涌的波涛中淘洗着真金。因此,要想在销售的"茫茫人海"中脱颖而出,就需要不断培养正确的销售理念,磨炼出色的销售技能。

基于此,我们策划了这本《销售巨人》。"站在巨人肩上,你便能成为巨人。"本书精选了"销售之神"原一平、"世界上最伟大的销售员"乔·吉拉德、"创造性销售大师"戴夫·多索尔森、"日本首席销售员"齐藤竹之助等20位顶级销售大师的经典故事与成功秘诀,期待您可以从中领略到他们独特的理念、丰富的知识、灵敏的反应、精湛的技巧……从而汲取营养、借鉴经验、举一反三。

事实上,这本书不仅适合销售员阅读,也适合所有人阅读。当你阅读本书时,你可以把它当作"销售圣经"来读,也可以把它作为"人生指南"来读,因为生活就是由一连串的"销售"组成的:一个人从出生到死亡,每时每刻都在销售,销售你自己的想法、信念、理想、生活方式等。学会销售,擅长销售,你将在生活、工作等方面更加得心应手。

世界一流销售训练大师汤姆·霍普金斯说:"如果你有志于成为一名最杰出的销售员,你就必须把本书看成你前进的地图。今天,你认真对待,充满自信;明天,你就能成长为一名能干的金牌销售员。"让我们从本书出发,不断攀登销售的顶峰,还世界一个惊喜吧!

# 目录
## Contents

### PART1 "推销之神"原一平教你提升销售形象
在访问客户前要先照镜子 / 002
苦练笑容，笑容能感染客户 / 005
给客户留下坦诚负责的好印象 / 008
原一平销售心经 / 011

### PART2 "销售大师"布莱恩·崔西教你练就销售金口才
谈论客户感兴趣的话题 / 014
说话要掌握火候，懂得分寸 / 018
打破谈话僵局的技巧 / 020
布莱恩·崔西销售心经 / 024

### PART3 "推销之王"汤姆·霍普金斯教你丰富朋友圈
多撒网，不断丰富朋友圈资源 / 026
拓宽销售的无限连锁介绍法 / 029

从公司内部挖掘客户信息 / 033

汤姆·霍普金斯销售心经 / 035

## PART4　"销售天王"金拉克教你超级销售心法

巧用三种类型问题 / 038

细分价格的妙法 / 041

利用"从众心理"说服对方 / 043

金拉克销售心经 / 044

## PART 5　"推销员作家"罗伯特·舒克教你感染你的客户

记住对方的名字 / 046

真诚地喜欢他人 / 050

用同情心对待客户 / 053

罗伯特·舒克销售心经 / 056

## PART6　"推销皇后"玫琳凯教你与客户拉近距离

赞美带来成功 / 058

发掘客户的可赞美之处 / 062

赞美物件要与被赞美对象联系起来 / 064

精神赞美与物质赞美并进 / 066

玫琳凯销售心经 / 068

## PART7　"销售美丽的大师"艾德娜·拉尔森教你赢得顾客信任

珍惜客户的信赖 / 070

信赖自己的产品 / 072

自己是自己最严厉的老板 / 075

艾德娜·拉尔森销售心经 / 078

## PART8　"新加坡保险皇后"陈明莉教你捕获客户的心

用你的心和行动去赢得客户 / 080

一杯白开水传递的关怀 / 082

为客户设计最适合的产品 / 084

陈明莉销售心经 / 086

## PART9　"房地产销售大师"里奇·波特教你用服务赢得客户

以提供最满意的服务为宗旨 / 088

要令买卖双方都满意 / 090

真正的销售始于售后 / 092

里奇·波特销售心经 / 094

## PART10　"东方销售女神"柴田和子教你进行灵活销售

依靠情感力量打动客户 / 096

让客户感受到诚意 / 099

善于"得寸进尺" / 102

柴田和子销售心经 / 105

## PART11　"销售领袖"弗兰克·贝特格教你应对拒绝

巧妙应对客户的拒绝 / 108

有异议不代表拒绝 / 112

找个"证人"和客户交流 / 116

弗兰克·贝特格销售心经 / 118

## PART12　"亚洲销售女神"徐鹤宁教你敢于行动,拼出成功

做行动的巨人 / 120

做别人不敢做的事情 / 122

用行动突破不可能 / 124

徐鹤宁销售心经 / 127

## PART13 "世界上最伟大的推销员"乔·吉拉德教你把握销售细节

一束玫瑰花体现的尊重 / 130

富有人情味的贺卡问候 / 132

不妨让客户欠点儿人情 / 134

乔·吉拉德销售心经 / 138

## PART14 "创造性销售大师"戴夫·多索尔森教你拆开销售思维里的墙

用创意捕捉潜在客户 / 140

具有创造性的8大推销术 / 142

推销员永远不说"不可能" / 148

戴夫·多索尔森销售心经 / 150

## PART15 "寿险销售大王"乔·坎多尔弗教你积极主动推进销售

主动宣传你自己 / 152

永远不去等待"完美时刻" / 155

接近客户要有巧办法 / 157

乔·坎多尔弗销售心经 / 162

## PART16 "日本首席推销员"齐藤竹之助教你超越自我

专注于工作才能变得更专业 / 164

"今天肯定会成功！" / 166

越努力，越幸运 / 169

齐藤竹之助销售心经 / 171

## PART17　"推销明星"克莱门特·斯通教你信念制胜

找到成功契机，百折不挠 / 174

积极乐观可赢得一切 / 177

越是畏惧，越应该进去 / 180

克莱门特·斯通销售心经 / 182

## PART18　"商界铁娘子"董明珠教你成为别人追赶的对象

为事业而奋斗才更有动力 / 184

成功来自时间的磨砺 / 186

时刻掌握主动权 / 189

董明珠销售心经 / 192

## PART19　"华人首富"李嘉诚教你把握机会

有勇气抓住机遇 / 194

善于观察，才能发现机遇 / 197

目光长远，才能获得更多机会 / 200

李嘉诚销售心经 / 202

## PART20　"销售奇才"史玉柱教你扭转局面东山再起

谋定后动，便勇往直前 / 204

发挥自己优势，做最擅长的事情 / 207

不在一棵树上吊死，适时转型 / 210

史玉柱销售心经 / 212

**PART1**

# "推销之神"
# 原一平教你提升销售形象

> 不管我认不认识，当我的眼睛一接触到人时，我会要我自己先对对方微笑。

——原一平

原一平，其貌不扬，身高只有 145 厘米。从 45 岁开始，他连续 15 年保持全日本寿险推销业绩第一名的纪录。59 岁时，他成为美国百万圆桌俱乐部成员，后又被选为该俱乐部终身会员。原一平在日本业界声名显赫，被尊称为"推销之神"，与美国的"推销大王"乔·吉拉德共同闻名于世。

## 在访问客户前要先照镜子

原一平曾经访问美国大都会保险公司，该公司的副总经理问他："你认为访问客户之前，最重要的准备工作是什么呢？"

"在访问准客户之前，最重要的工作是照镜子。"

"照镜子？"

"是的，你面对镜子就要像你面对自己的客户一样。在镜子的反映中，你会发现自己的表情与姿势；而从客户的反应中，你也会发现自己的表情与姿势。"

"我从未听过这种观念，愿闻其详。"

"我把它称为'镜子原理'。当你站在镜子前面，镜子会把映现的形象全部还原给你；当你站在你的客户前面时，客户也会把映现的形象全部还给你。当你的内心希望对面的客户有某种反应的时候，你要把这种希望反映在如同镜子的客户身上，然后促使这一希望回到你本身。为了达到这一目标，你必须把自己磨炼得无懈可击。"

去和客户见面，我们每个销售人员都想给客户留下一个好印象，而销售员的服饰、整洁状况和面部表情在很大程度上关系到客户对你的看法。自我形象越好，就越能显示出销售员的自信心，也越能让客户对你产生好感。

一些销售员常抱怨说，天天都在外面跑，哪有时间换干净的衣服，连和女朋友约会都要灰头土脸地去。销售的确是一个很艰苦的工作。尽管如此，一个勤奋的销售员也应该知道，外表是他的第一张牌。

为此，销售员就更该把自己打扮得干净整洁，让自己显得精神抖擞，这样，根据"镜子原理"，客户才会对你留下好印象，才会信任你。

原一平曾强调说，推销员要注重自己的仪表，尽量让自己容光焕发精神抖擞，尤其要给客户留下良好的第一印象，千万不要为了追求时尚而穿着奇装异服，那样只能让你的推销走向失败。只有穿戴整洁或者穿与你职业相称的服饰，才能给客户留下好的印象。

根据自己50年的推销经验，原一平总结出了"整理外表的九个原则"和"整理服饰的八个要领"。

1. 整理外表的九个原则

（1）外表决定了别人对你的第一印象。

（2）外表就是你的魅力表征。

（3）外表会显现出你的个性。

（4）对方常依你的外表决定是否与你交往。

（5）整理外表的目的就是让对方看出你是哪一类型的人。

（6）好好整理你的外表，会让你的优点更突出。

（7）站姿、走姿、坐姿是否正确，决定你让人看来顺不顺眼。不论何种姿势，基本要领是脊椎挺直。

（8）小腹往后收，看起来会有精神。

（9）走路时，脚尖要伸直，不可以往上翘。

2. 整理服装的八个要领

（1）你的服装必须与时间、地点等因素符合，风格要自然大方。另外，服装选择还要与你的身材、肤色相搭配。

（2）要让你的身材与服装的质料、色泽保持均衡状态。

（3）着装不要穿得太年轻，否则容易招致对方的怀疑与轻视。

（4）与你年龄相近的稳健型人物，他们的服装可作为你学习的标准。

（5）最好不要穿流行服装。

（6）如果一定要赶流行，也只能选择较朴实无华的。

（7）太宽或太紧的服装均不宜，大小应合身。

（8）不要让服装遮掩了你的优秀素养。

此外，原一平还告诫我们，除了外表与服装，一些不良习惯也会严重影响你的形象，比如有的人喜欢咬嘴唇、晃双腿、摇肩膀、弹手指等，这些不雅的动作会让初次相见的人对你感到厌恶。

所以，如果销售人员有这样的坏习惯，必须马上改掉，否则，它们会成为阻碍你成功的绊脚石。面对客户，如果你不具备这种强烈的吸引人、感化人的魅力，要想说服他是不可能的。

总之，在任何时候，销售人员都应牢记原一平的这句话：良好的形象是你重要的一张名片，失去它，你就有可能失去即将抓住的机遇。

## 苦练笑容，笑容能感染客户

微笑能建立信任。纵观历史，在任何时代、任何地区、任何民族中，微笑都是表示友好意愿的信号。推销时微笑，表明你对与客户进行的交谈抱有积极的期望。同样，原一平也是靠微笑赢得了客户。

在原一平刚刚进入推销界时，自身没有什么气质可言，也没有钱买好的衣服，可以说在形象上一点优势都没有。所以，他在做保险的最初9个月，推销并不顺利；那个时候他总把失败归咎于自己矮小的身材。

但是，有一天，一个和他身材差不多的人改变了原一平对自己的看法，这个人是原一平在明治保险公司的同事高木先生。高木先生曾经留过洋，在美国专攻过推销，他的身材比原一平略高一点儿，他也长得瘦瘦弱弱的，外表同样没有吸引人的地方。

他对原一平说："个子高大、相貌堂堂固然容易给人留下好的印象，推销会变得相对容易一些。个子矮小往往不受人重视，即使和高个子一样努力，在起跑时就已经被他们甩下了一截。但个子矮小是与生俱来的，是无法改变的，所以，个子矮小的人就必须在别的方面想办法，用自己的长处来弥补短处，而笑容就是关键。向客户展现你的笑容，用笑容来消除客户对你的戒心，你会成功地迈出自己的第一步。"

说着话，他的脸上立即浮现了笑容，原一平记得高木笑的时候，好像浑身都洋溢着笑意，笑得那样纯真感人，这让原一平茅塞顿开。

从此之后，原一平苦练笑容，吃饭、走路，甚至睡觉也在练习。

为了能够使自己的微笑让别人看起来是自然的、发自内心的真诚笑容，原一平曾经专门为此训练过。他假设处于各种场合，自己面对着镜子，练习各种微笑时应有的面部表情。因为笑必须从全身出发，才会产生强大的感染力，所以他还找了一个能照出全身的大镜子，每天利用空闲时间，不分昼夜地练习。

经过一段时间的练习，原一平发现嘴唇的闭、合，眉毛的上扬与下垂，皱纹的伸与缩，这些不同动作的"笑"都能表达出不同的含意，甚至于双手的起落与两腿的进退，都会影响"笑"的效果。

最后他总结出了三十多种"笑"：

感到开心时爽朗的笑；感动而压住声音的笑；喜极而泣的笑；逗人转怒为喜的笑；感到寂寞或哀伤的笑；抑制辛酸的笑；解除对方心理压力的笑；岔开对方情绪的笑；使对方放心的笑；承认挨了一记耳光的笑；表示自信的笑；充满优越感的笑；愣住之后的笑；言归于好时的笑；与对方意见一致时的笑；使对方兴致顿增的笑；吃惊之后的笑；感到意外之后的笑；瞧不起对方的笑；感到无聊时的笑；折磨对方的笑；挑战的笑；大方的笑；开朗的笑；含蓄的笑；夸张谈话内容的笑；硬逼对方的笑；抑郁的笑；含有下流意味的笑；故作迷糊的笑；愕然一惊的笑；尖锐的笑；与对方同喜的笑；冷淡的笑；微笑；嗤之以鼻的笑；意外地感到满足时的笑。

通过对笑的总结，原一平找到了笑的秘密，并开始针对不同的客户，学习展现不同的笑容。经过多次的实践，他发现所有的笑容中，最美的笑容是婴儿般的笑容，它是以鼻梁为中心线，左右脸的表情相同的美丽笑容，这种笑容就像婴儿般天真无邪，散发出诱人的魅力，令人如沐春风。这种笑容是让人无法抗拒的，因为它是从内心最深处发出真诚的表现。

于是，原一平日复一日地对着镜子苦练婴儿般的笑容。工夫不负有心人，他终于成功练就了与婴儿相差无几的笑容，同时总结出了笑容的十大功效：

（1）把爱传达给对方。

（2）使对方快乐，笑容越真诚，对方就越快乐。

（3）除去两个有误会的人心中的芥蒂。

（4）建立信赖感。

（5）使工作顺利进行。

（6）打破尴尬气氛。

（7）洞察对方的心理状态。

（8）吸引他人。

（9）建立自信。

（10）使人青春、健康。

从此，原一平总是保持以微笑面对客户，也正是因为他的笑容，让他征服了一些古怪的客户。

有一次，原一平去拜访一位客户，在拜访客户前，他了解到这个人性格内向，脾气古怪。见面后，原一平果真发现这个客户是个很怪的人，有时他们正谈得非常高兴，客户却突然间烦躁起来。但是，原一平没有随着客户烦躁而有所动，他静观其变，想着对策。他们的那次交流是这样的：

"你好，我是原一平，明治保险公司的业务员。"

"哦，对不起，我不需要投保。我向来讨厌保险。"

"能告诉我为什么吗？"原一平微笑着说。

"讨厌是不需要理由的！"这位客户忽然提高了声音，显得有些不耐烦。

"听朋友说你在这个行业做得很成功，真羡慕你，如果我能在我的行业也能做得像你一样好,那真是一件很棒的事。"原一平依旧面带笑容地望着他。

这名客户听到原一平这么一说,态度稍微有些好转,说道:"我一向是讨厌保险推销员的,可是你的笑容让我不忍拒绝与你交谈。好吧,你就说说你的保险吧。"

原一平听到这句话,敏锐地了解到对方并不是真的讨厌保险,而是不喜欢推销员。看到问题的实质后。原一平在接下来的交谈中,始终都保持微笑。这名客户在不知不觉中也受到了感染,和原一平热情地攀谈起来了。在谈到他们都感兴趣的话题时,他们会兴奋地大笑起来。最后,这名客户愉快地在保险单上签上了他的大名并与原一平握手道别。

## 给客户留下坦诚负责的好印象

在工作当中,我们经常能够听到推销员在面对客户的抱怨时以各种各样的理由和借口搪塞:

"那个客户太挑剔了,我无法满足他。"

"我可以早到的,如果不是下雨。"

"我没有在规定的时间里把事做完,是因为……"

"我没学过。"

"我没有足够的时间"。

"现在是休息时间,半小时后你再来电话。"

"我没有那么多精力。"

"我没办法这么做。"

……

"人非圣贤，孰能无过，过而能改，善莫大焉。"通常有些推销员犯了错误，不但不会承认自己的错误，反而会极力辩白，甚至于制造另一个错误来掩饰先前的错误，或者直接把责任推卸到客户身上，指责客户的不足，这样做的结果可想而知，推销员也许会永远失去这位客户，更谈不上让其购买你的产品了。

对于推销员来说，客户就是衣食父母，我们没有资格指责客户。况且，承认错误，并不代表我们真的犯了什么天大的错误，而是一种缓和客户对立情绪的方式，以便使事情有回转的余地，甚至还可以扭转僵局创造良好氛围。指责客户或者死不认错是一种愚蠢的行为。

当我们知道自己错了，何不主动认错呢。这样一方面可以让客户消减他对你的不满情绪，另一方面也能让你给客户留下坦诚、负责的良好印象。

原一平曾经举出亲身经历的一件事对此加以说明：

由于几天的工作都很顺利，我在沾沾自喜之余，有点飘飘然了。眼看着与客户约定的时间已经到了，我便向一家烟酒店走去。

我进去的时候把原来戴得规规矩矩的帽子往脑袋后边一扬，显得很轻松的样子，喊着晚安，拉开玻璃门进去了。那烟酒店的老板出来应门。他一看我的脸，就脸红脖子粗地吼了起来：

"喂！你到底是什么态度！歪戴着帽子跟客人打招呼，算是哪门子礼貌？真是大混蛋！"接着，他又发出了一连串怒斥之声狂轰滥炸了一番：

"我相信你，也相信明治保险公司，所以今天才投了保险。谁知道我所信赖的一家公司的职员，竟如此胡闹！"

听了这话，我如梦方醒，立即跪在地上。

"实在对不起。我只因为白天已承您投保，成为我们明治保险公司的一位自己人，所以满怀亲热之余，太任性了些，请您多多原谅。"

老板一下子愣住了，望着我没有出声。我继续磕着头说：

"我刚才的态度实在太不应该了，不过我要请您原谅的是，我是带着向自己至亲问事的心情才那样做的，而绝对不是对您有任何轻薄之意。"

"千不该万不该都是我不好。请您不要生气，跟我握手好吗？"

说着我把双手伸了过去。对方开始是一愣，继而忽然转怒为笑说：

"嘿，不要老跪在地上了好不好？其实我突然大声叫起来也不对。现在你先站起来再说。"

于是他握着我伸出去的手，把我拉了起来。

走进店里去后，我们谈得很投机。

人与人相处，真是一门奥妙的学问。那天原一平因祸得福，就是由于他能勇于向客户认错，最后客户把5 000元的投保额提高到了30 000元。

给客户留下坏印象是很容易的，要想改变坏印象那可真是难于上青天了。所以，当客户指出我们的错误的时候，要懂得承认错误。承认错误是一种坦诚负责的表现，恰当地向客户认错，你依然可以赢得对方的信赖。

当然，"最大的敌人是你自己"，我们有时候很少发现自己的错误，所以，常常把错误归结到他人的身上，阻碍我们承认错误。为了能够更好地和客户交流，我们有必要不断反省自己，找出自身存在的缺点或不足，不断提升自己的能力，敢于承认自己在工作中出现的一些错误，获得更多客户的信任。

原一平就是这样做的。他受到一位老和尚的点拨，决定塑造一个崭新的自我。他先对自己的缺点和错误进行了深刻的反省，然后找了很多客户，把这些客户聚集在一起，每个星期开一次会，会议的名字就叫作"原一平批评会"。

在会上，客户们踊跃发言，指出了原一平的许多缺点和错误，比如脾气暴躁、粗心大意、骄傲自负等。这些意见原一平都会——认真听取，并详细记下来，后来他逐渐改掉了自己的缺点。

从1931年到1937年的六年时间里，"原一平批评会"一直没有中断过。他不仅通过召开"批评会"反省自身的缺点和错误，在平时的工作和生活中也经常向别人请教。通过不断地反省和学习，渐渐地赢得了客户的信赖。1936年，他的业绩上升到了68万元，成为了全公司第一、全日本第二的推销员。

## 原一平销售心经

» 昨晚多几分钟准备，今天少几小时的麻烦。
» 若要纠正自己的缺点，先要知道自己的缺点在哪里。
» 只要你说的话有益于别人，你将到处受欢迎。

PART2

"销售大师"
布莱恩·崔西教你练就销售金口才

> 推销是一种说服、暗示，也是一种沟通、要求，因此，每个人时时刻刻都在推销。
>
> ——布莱恩·崔西

布莱恩·崔西，美国最知名的销售训练讲师及顾问之一，首屈一指的个人成长权威大师。

他曾在22种不同的行业中推销过各种产品，比如肥皂、圣诞树、各种投资商品以及一些不动产等。1981年，他推出了自己的"成功系统"训练课程，成为世界销售经典，在美国连续14年创下最高销售纪录，成为当今世界个人职业发展方面最成功的演说家和咨询家之一。

## 谈论客户感兴趣的话题

布莱恩·崔西说，很多时候，你和客户见面不到30秒就被赶了出来，这在很大程度上是因为你的话根本不能引起客户的半点兴趣。如果你在推销产品的时候，引起了客户的兴趣，你的客户就比较容易接受你的拜访，甚至顺利签约，因为当你们的谈话已经达到老朋友的状态时，相当于是作为朋友的你给对方提出建议，推销就有了90%的成功希望。

在销售的过程中，你仅仅是为了销售而去和客户交流，见客户只谈推销常常会碰壁。也许你认为自己从始至终都在围绕所推销的产品，自己非常努力，非常敬业，你在想方设法把自己的产品的优点介绍给客户，尽可能地让客户更多地了解一些自己的产品，然而，这样做的结果往往事与愿违，客户往往不买你的账，对你的介绍甚至很反感。之所以出现这种现象，是因为你所说的话并不是客户所喜欢听的。

要想客户对你的产品感兴趣，首先你要说一些让其感兴趣的话题，先拉近你和客户之间的距离。你可以寻找与客户共同感兴趣的话题，比如新闻、体育、彩票、电影、宠物甚至政治等，话题有很多，总会有一个或者几个是你和客户都感兴趣的，如果你的客户对你的话题产生了兴趣，那么，你的销售就成功了一半。

在布莱恩·崔西的销售生涯中，就有一个推销案例，是他通过寻找到客户的兴趣爱好，从而和客户拉近距离，成功推销出产品的。

当时，一家很大的银行一直从他的竞争对手那里大量采购。自从朋友向他介绍了这位客户后，他就想把这位客户从竞争对手那里抢过来，于是他开始收集大量资料，准备登门拜访。在拜访之前，他先是个给银行负责采购的经理打电话想约定拜访时间。

"您好，我是某某公司的销售代表布莱恩·崔西，我想找一下艾丽小姐。"

"我就是。"

"您好。您一定知道我们公司，我们的服务模式能够给您带来与传统模式不同的体验，这种服务模式特别适合银行这样的大型客户。我们计划在下周五举办一个新产品发布会，我们会主要推出我们的最新产品，您有时间过来参加吗？"

"下周五？抱歉，那天我有事。"

"哦，真可惜。那我能在电话中了解一下您公司的情况吗？"

"我现在没有时间,我要去开会了。"

"那好,我抓紧时间。你们银行的信息系统现状是怎样的?"

"这样吧,你去找我们的工程师詹姆斯去了解吧。再见。"

"再见。"

布莱恩·崔西想了很多办法,他几乎每隔一段时间,都要向这家银行送新的样品,有时请他们参加商务活动。但是他就是不能打动这家银行的采购经理,因为这位经理对他的竞争对手的产品很满意,认为没有必要更换供应商。

但是不愿放弃的布莱恩·崔西一直坚持不断地收集这位客户的资料。有一天,他得知这位客户有一个小孩,这位客户的小孩和自己的小孩差不多大。于是,布莱恩·崔西决定从客户的小孩身上找到推销的突破口,因为谈论小孩应该是客户感兴趣的。

于是,有一天,布莱恩·崔西准备好谈论的话题后,便在这名经理快要下班的时候登门拜访。他看见客户手里正摆弄着一个很流行的玩具。

他便开始从这个玩具和她攀谈起来,他们从玩具谈到自己的小孩,从双方的小孩谈到学校的教育,结果,两人越谈越投机,从办公室一直谈到了银行门口。最后,布莱恩·崔西向她推荐了一款新型玩具,并告诉她在哪里可以买到,最后他说:"小孩子玩玩具都不会玩很久,因为他们知道总会有更新的和更好玩的玩具出来,其实新产品也一样。"

没过几天,布莱恩·崔西就接到这位经理的电话,在电话中,她说自己的孩子很喜欢他推荐的新玩具,并请他来银行介绍一下产品和服务,她说她一直都在使用一个厂家的产品,也许有必要换一换了。

最后,布莱恩·崔西终于赢得了这位客户,成功推销出了产品。

其实,客户本来有一位很满意的供应商,她也没有改变供应商的打算。但是布莱恩·崔西抓住了这位客户感兴趣的话题，从一个小小的玩具谈到孩子，在拉家常式的交流中也无形中把自己的产品推销了出去。

可见，客户在谈到自己感兴趣的话题并得到你的认可的时候，他会把你当成自己的知己，双方的距离也就拉近了。

杰弗里·吉特默曾说："如果你找到了与潜在客户的共同点，他们就会喜欢你、信任你，并且购买你的产品。"但是，前提是要找到彼此都感兴趣的共同话题，然而没有哪位客户的共同点会主动跑到你的话题中来的，这时候就需要我们推销员动嘴多问。

布莱恩·崔西有一次去旧金山度假，在晚餐的时候，他来到餐厅就餐，发现餐厅里已经坐满了人，只有在靠里面的位置有一张两人桌还有一处空位，他犹豫了一下，随即走了过去，礼貌地询问了旁边那位先生后，便坐了下来。

"我今天刚从纽约坐飞机过来。这里的景色真是优美，在这个城市里待着，感觉整个人都平静了很多。"布莱恩说道。

"是啊，我在这里生活了几年，觉得旧金山确实是个很好的地方。"对方回答道。

"你去看过金门大桥吗？那可是旧金山的标志。"

布莱恩于是便和对方谈起了旅游、旧金山的风土人情、自然景观，之后对方给了布莱恩一张名片，原来他是一家大公司的主管。

布莱恩也递出自己的名片——"啊，原来你在保险公司高就啊，我们公司正想给所有的员工买一份保险呢。"布莱恩一听，可高兴坏了，于是两个人把谈话的地点换成了酒店客房，后来，两个人签了一个上百万的订单。

布莱恩这次看上去意外的成交经历告诉我们，不要放过任何一次和人交流的机会，对任何人都可以从兴趣爱好上着手，让彼此的关系更加亲密。多问一句，多聊些兴趣爱好，也许就能轻松签订一份订单。

## 说话要掌握火候，懂得分寸

　　有句话说得好："一句话能说得让人跳，一句话能说得惹人笑！"推销员在与客户交流的时候，也许说一百句，都不如在适当的时候，说上一句直击客户心理的话好。而这个恰当的时候就是说话的"火候"。

　　俗话说："言多必失。"意思就是说：如果一个人总是滔滔不绝地讲话，说得多了，话里自然地会暴露出很多问题。作为推销人员，尤其是新推销员，更要注意不要在客户面前不懂装懂，夸夸其谈。否则说得越多，客户越能看清楚你的底细。不妨学着谨言慎行，以免给自己招惹麻烦。

　　推销行业的成功人士在说话时都很会把握分寸，无论在什么场合都是说得很有分寸，该说的时候，说得恰到好处；不该说的时候，一句话也不说。

　　但是，在实践中有很多推销员急功近利，在和客户交流的时候滔滔不绝，结果，说错了话或说漏了嘴的情况经常出现，由此导致客户心里产生不踏实的感觉。

　　"话有三说，巧说为妙"。何谓巧说？就是说话人在说话时，要因时因地因人制宜地说到点子上。懂得"巧说"的人也就是懂得看火候说话的人。

　　布莱恩·崔西的一次"巧说"又让他赢得了客户。

　　有一天，布莱恩·崔西路过一家店铺时，看见一个年轻人正坐在里面的一张老板椅上看着一本叫《穷爸爸，富爸爸》的书。布莱恩走进去说："嘿！你也在看这本当今市面上最畅销的热门书呀！我也很爱看这本书。"

"这本书写得太棒了，简直就是一本大学教材，社会大学的大学教材。我没有上过大学，但我个人认为，社会大学通常要比课本上学到的东西多得多。"

"对，你说得很对，这本书里面的富爸爸提倡的就是这种观念。一个人具备什么样的心态和智慧，决定了他有什么水平的认识。从刚才你说出来的话，我可以判断得出来，你对这本书不光是读一读那么简单，应该研究得很彻底了吧？"

"哈哈，我这个人天生不爱上学，就爱看看课外书。"

"但是，你具备读书的天赋呀，只是可能你身边有一些长辈，如你的老师或者父母，观念可能一时跟不上，没有赞同你。我感觉你很会运用知识。你看，你这么年轻就开了一家如此精致的店，以后你的店面一定还会不断扩大的。而且，如果你能结合你所在的领域，融入这本书的观念去做事，你一定会很了不起的。"

听了布莱恩·崔西对他的观点和认识作的逐一正面引申赞美后，年轻人谈话兴致大增，不由得夸夸其谈、眉飞色舞起来，他开始大讲起他的理想和人生计划来，当然，最后他也接受了布莱恩·崔西介绍的好几套与成功、理财相关的书籍。

布莱恩·崔西懂得说话的艺术，在这位客户读性正浓的时候，他用热情洋溢的语言，对其给予了正面肯定，并且还恰当地提出了自己的见解，客户也充分肯定了自己的理想，双方从而进一步愉快地交流了起来。

说话不仅要掌握火候，还要懂得掌握分寸，要认清自己的身份，适当考虑措辞，想一下哪些话该说，哪些话不该说，哪些话应该怎说才能获得更好的交谈目的。

另外，说话不夸大其词，不断章取义，不花言巧语来骗取他人的信任。一定要让听者感觉到你的真诚、善意，尽量不要说刻薄挖苦别人或刺激伤害别人的话。

比如，有的推销员在介绍自己的时候，常常忘乎所以、得意忘形地自吹自擂，炫耀自己的出身、学识、财富、地位以及业绩和收入等。然而这样做的结果只能是造成双方的隔阂。要知道人与人之间，脑袋与脑袋是最近的，而口袋与口袋却是最远的；如果你一而再再而三地炫耀自己，对方就会感到你"高高在上"，从而对你"敬而远之"。

最后，说话还要注意方式，多用一些婉言表达。顾客成千上万、千差万别，有各个阶层、各个方面的群体，他们的知识和见解都不尽相同。我们在与其沟通时，如果发现他在认识上有不妥的地方，也不要直截了当地当面指出。

推销员一定要看交谈的对象，做到因人施语，要把握谈话的技巧、沟通的艺术，要委婉忠告。这样就可以免除怨怒，促进尊重，使人与人之间充满友好和谐的气氛。

## 打破谈话僵局的技巧

与客户会谈时，陷入僵局是很平常的事情，每个推销员都会遇到这样的情形，即便再老练的推销员，也会遇到。我们经常出于和客户增进感情，说一些家长里短或者一些和销售无关的题外话，但是，却不知道什么时候该把话题转到推销上，并成功地推销出自己的产品。

有很多推销员都有这样的困惑：自己和客户谈得很开心，但谈的都是一些社会上的事情，当彼此聊到兴奋之处的时候，便将话题切到了推销方面，结果刚一谈到问题的实质，客户的谈话兴致就一落千丈了，由此谈话出现僵局，最终生意也没有谈成。

的确，这种现象非常普遍，即便是推销大师布莱恩·崔西也在推销的过程中遇到过很多次这样的情况。

一天，布莱恩去拜访美国一家著名的投资银行的总裁韦尔林。当布莱恩如约来到韦尔林办公室的时候，发现他正忙得不可开交，布莱恩识趣地走出他的办公室，坐在办公室外面的一个会客室静静地耐心等候，等到大概快到中午的时候，总裁韦尔林才稍稍有些闲暇的时间接待他。

布莱恩·崔西首先主动热情地向韦尔林说："韦尔林先生，你可真是个大忙人啊！"

但韦尔林并没有表现出很热情的态度来，只是冷淡地回了他一句："哦，我很忙，请坐，但是我不希望我的时间被浪费。"

"我们是约好了的，所以……"还没有等布莱恩的话说完，韦尔林先生就打断道："可我现在没有兴趣，更没有时间。"

布莱恩闻言没有辩解，而只是从文件夹中抽出一份东西递给韦尔林，并说："这是上次我们谈话时你说起的资料。"

韦尔林一惊，他显然没有想到自己以前随口说的一句话，布莱恩会当真，并且真的帮他找到了资料，他先是愣了一下，随即从座位上站起来接了过去。

他本是不愿意和布莱恩谈话的，可是现在情况出现了变化——他犹豫着是否该和布莱恩继续交谈，因为布莱恩帮他找到了他需要的文件，这一点让他不好意思断然拒绝。

"好吧，既然……"布莱恩装作起身欲走的样子。

"等等，"韦尔林先生说，"不过我想知道除此之外你还想对我说些什么。"

韦尔林先生的态度有了明显的缓和，他们之间凝固的空气也重新恢复了流动。接下来的谈话非常轻松，韦尔林先生最终接受了布莱恩的推销。后来，韦尔林先生又允许布莱恩在他的公司里进行推销，也就是从那时起，布莱恩的业务量开始突飞猛进起来。

推销员永远都在尝试怎样打破僵局，不断探索打破僵局的方法，希望能够成功地把话题引入到推销的正题上。

布莱恩·崔西通过主动帮助韦尔林的方法，巧妙地打破了被拒绝的僵局。在现实推销活动中，根据具体情况不同，我们还需要探索更多的打破僵局的方法。

世界最著名的销售大师丹弗曾经这样说过："首先要引起客户的兴趣，而不是一开始就和客户谈生意。"的确如此，想要吸引住客户，把客户成功导向推销正题，就要找到客户的兴趣点，抓住客户的全部注意力。为此，我们不妨采用如下几种方法。

**1. 激起好奇心**

可以利用产品的特点给客户制造一个悬念，吊起他的胃口，并且所问的问题一定是要对方作肯定回答的。

比如，我们常常会看到这种推销方式：

一名推销员一手拿着铁锥，一手拿着一双新袜子。不停地嚷嚷："大家猜猜看：将铁锥穿过袜子后，用力向一边钉，袜子会不会烂？"

周围的人赶紧放下手头的工作，七嘴八舌地议论起来，有人说会烂，有人说不会烂。

推销员看时机成熟，便在人群中找一人试试。

可以想象，参加试验的人按照销售人员教的方法，将铁锥穿过袜子后用力向一边猛钉的结果是什么。

这个游戏，不过是推销员设计的一个实验，用来证明袜子是坚实无比的。于是，人们不再怀疑袜子不结实了，陆续有人开始购买袜子。

### 2. 让客户产生疑虑

客户产生了疑问，就会把注意力集中在思考这些疑问上，就会顺着推销员的思路走，这样能吸引客户快速进入销售谈话的主题。

### 3. 用骄傲感取悦客户

人们通常会被自信而骄傲的人所吸引，所以，我们不妨摆出自己的自信和骄傲，理所当然地说出自己的推销，因为你的自信会让客户不好意思去反驳你，并且有时候会认为你这样做是对的或者是产品对自己有好处，只要你能把握好时机，效果会出乎你的意料。

另外，在价格谈判中，推销员想以最高的价格卖给客户，而客户则想以最低的价格买到所需的产品，这时，通常客户会向推销员提出一连串的问题，从推销员的回答中寻找可能出现的机会，为讨价还价做准备。

通常情况下，客户所提出的问题大多数与杀价有关，诸如以下九种：

（1）如果我提供一些你们急需的原料、工具或其他机器呢？

（2）如果我加大订货量或减少订货量呢？

（3）如果对你的这几种产品我都订货呢？

（4）如果我买下你的全部产品呢？

（5）如果我向你长年订货呢？

（6）如果我以现金支付、迟付或分期付款呢？

（7）如果在淡季我仍然向你下订单呢？

（8）如果我向你提供技术支持呢？

（9）如果我自己去提货，免除你那些服务项目呢？

客户提出上述九个比较尖锐的问题，推销员稍有不慎，任何一个问题都可能让自己暴露对价格的态度。所以，推销员要慎重对待客户的每一个问题，不能随便答复对方，以免让对方抓住破绽使自己陷于被动地位，或者把双方引入讨价还价的境地之中。

推销员针对客户要价后的反问，回答时一般应遵守下述原则：

（1）不要对客户的设问立刻作出估价。

（2）分析对方设问的真正原因，不要被其大批量或小批量的订购所诱惑。

（3）以对方先确定订货量为条件再行报价。

（4）回避问题，拖延时间，为报价做好准备。

（5）以其人之道还治其人之身，将"球"再踢回去，提出附加条件请对方考虑。

总之，打破谈话僵局，是一次推销员和客户之间的心理和智慧的较量，推销员要多多研究客户的心理。

### ✓ 布莱恩·崔西销售心经

> » 当你和客户的谈话已经达到老朋友的状态时，相当于是作为朋友的你给对方提出建议，推销就有了90%的成功希望。
> » 学会倾听是当务之急。
> » 只有问了才能了解客户的真实需求，问得越多，你了解得就会越多，这时候你就能更好地把握客户的真实需求。

**PART3**

# "推销之王"
# 汤姆·霍普金斯教你丰富朋友圈

通过朋友圈介绍成功销售的机会,比直接销售给陌生人的机会大了 400~600 倍。

——汤姆·霍普金斯

汤姆·霍普金斯是著名的房屋地产推销员,是当今世界第一名推销训练大师,是全球推销员的典范,他被美国报刊称为国际销售界的传奇冠军。他曾是全世界单年内销售最多房屋的地产推销员,平均每天卖一幢房子,3 年内赚到 3 000 万美元,27 岁就已成为千万富翁。汤姆·霍普金斯一直是世界房地产销售最高纪录的保持者。

## 多撒网,不断丰富朋友圈资源

汤姆·霍普金斯是世界一流的销售大师,被美国报刊称为国际销售界的传奇冠军,他是世界房地产销售最高纪录的保持者,其销售成功的秘诀之一就是懂得不断丰富自己的朋友圈资源。

作为推销员要想获得更多的客户资源,就要懂得撒网,这就像出海打鱼,如果不撒网是不可能得到鱼的。撒的网越大,得到的鱼越多。做销售也是一样,一定要主动去寻找更多的客户。客户越多,成交的概率就越大。

当然,多数推销员都能知道他们必须每天去会见一堆新人,只有不断地接触新人,发展新客户,才能成功。可是,他们也害怕被人拒绝。

　　汤姆·霍普金斯告诉我们这种观念是错误的，作为推销员必须要及时改变这个观念，因为每一次被拒绝，实际上就是赚到了钱。你被拒绝的次数越多，你赚的钱也就越多。所以，汤姆·霍普金斯在做销售的时候，给自己规定每天打电话的人数，并详细记录下通话的情况，随时准备走出去会见一些需要自己产品或帮助的人。他说，他每一次接触的每一个人，都是在引导自己走向下一条预期成功的路上。

　　同样道理，推销人员也应该把握住一个非常重要的理念：不要仅仅把自己当作一个销售员，更要把自己当作一个捕鱼的渔夫、一个会撒网捕鱼的渔夫。换句话说就是：要想卖出东西，多赚钱，就得多寻找客户，扩大朋友圈。

　　在销售行业大致有这样一个规则，电话销售以及陌生拜访的比率大约是10∶1，也就是说，打10个潜在客户的电话就可以得到一个面谈的机会。也许你会感觉这个比例太悬殊，打那么多的电话，才获得一个见面机会，这样成本太高。其实，你完全没必要有这样的感觉，你应该把这10个人都当成自己的客户，即便他现在没有买东西，但是，他在将来可能买你的东西，所以，这10个人都是你的客户。

　　既然有这么多的客户，就要坚持天天打电话、撒大网，让更多的人成为自己的潜在客户。

　　不仅要天天打电话，作为销售人员也一定要多看报纸，多看新闻，了解时事，紧跟时代脉搏。

　　汤姆·霍普金斯告诉我们，每天都要读报纸，并且拿笔在报纸上画，把那些有关人们升迁的新闻画出来，并把其剪下来，然后寄给那个升迁的人，并且附带上一个短笺道贺恭喜。

　　当这个人发现了自己这样一个让人又惊喜又温暖的道喜时，这会让对方感觉你很理解他，最终给对方留下非常好的印象，并且在发短笺之后，如果推销员能够趁热打铁，在他们收到短笺的当天向他们打个电话，告诉他们他能带来什么样的帮助，或提供什么样的服务，那么对方更有可能成为你的准客户。

当然，想要拥有更多的客户，还可以让自己已经拥有的一些最好的客户来建立自己的交易市场，比如请他们介绍一些客户，可以借此给他们一些小小的报酬。这样，既花不了什么成本，又能让你的客户面增加。

另外，还可以选择一些能干的销售员和你交换客户。

还有一些客户常常被我们忽视，就是其他推销员都放弃的客户。这些客户成了非常大的资源，你可以巧妙利用，就会大大增加销售成功的机会。汤姆·霍普金斯就说："只要你开始致力于别的销售员遗留在公司的档案，你的收入就会起飞了。你打电话给这些被遗忘的客户，重新建立你们的联系。"

如果自己建立起来的客户群不能和他们经常联系，其中很可能有些客户会流失，为了能够不让这些客户流失，我们就要常常与客户保持联系，可以在过节的时候给对方寄些小礼物，也可以平常打个电话问候一声，也可以约个时间，登门拜访一下。

很多客户都会有二次消费，所以，要维系好客户关系，了解他们的生活动态，那么，他就一定会成为你的好朋友，但千万不要把自己的客户晾在一边，置之不理，如果这样做就是在把自己的客户推给其他推销员。这些小小的努力就会获得大量回馈，所以千万不要忽略掉。

总之，对于推销员来说，最重要的莫过于客户。有了明确的客户，才能对他施展销售技巧，达到推销目的。除非你所推销的产品非常特殊，市场单一，否则，对你来说，每一个人都是潜在的客户。

如果你想建立一个成功的连锁客户业务，你必须要具备这种意识，它会为你开发很多新客户。

汤姆·霍普金斯这位销售冠军在其销售生涯中，自始至终都在贯彻"赚更多钱的技巧就是去接触更多的人，不断丰富自己的客户资源"的销售理念。

## 拓宽销售的无限连锁介绍法

其实，任何一个客户在购买完某种商品之后都会不自觉地把自己的体会告诉给别人，形成购买商品的连锁反应。如果我们能够充分掌握这种连锁反应的规律，那么我们就能找到新的推销对象。这种通过客户引荐来寻找客户的方法，在推销理论上称为无限连锁介绍法。

这种方法能够避免推销人员去盲目寻找客户，因为现有客户向你推荐的新客户多是他们比较熟悉的人，所以，他们提供的新客户的信息都是比较准确且内容详细的。同时，因为新客户出于对现有客户的信任，也会非常信任推销员。所以，一般人不会存在太多的戒心，这样成功率会比较高。

汤姆·霍普金斯曾多次强调，通过朋友圈介绍成功销售的机会，比直接销售给陌生人的机会大了400~600倍。房地产销售冠军40%~60%成功结案的客户，都来自熟人的介绍。如果我们能够认识更多的人，和很多人都是熟人，我们的成功销售的概率就会大大提高。

其实，朋友圈中的熟人都是从陌生人开始的，我们身边有很多走得不是很近的熟人。

比如，当你去取早报时，可能会遇到邻居、散步者、遛宠物者；当你去送孩子上学的时候，会遇到老师、教练、其他家长、交警；当你去理发的时候，会遇到理发师、其他客户、理发用品推销商；当你去银行的时候，会遇到出纳员、排队的人们、贷款处长、在停车场收费的人……

这些人看似很陌生，但是我们却能经常见到，而这些人就可以成为我们推销员的潜在客户。因为我们几乎每一天都会和他们相遇。如果我们能够让这些人从陌生到熟悉，从相识到相知，那么，我们就拥有一个很大的客户群。如果你现在还在为没有认识多少客户而苦恼，不妨去尝试着主动接近他们、了解他们，可以先列出一张清单，好好地与他们联系。

当然，和这些人交往不要以推销为目的，而是重在与人交流，与人建立友好关系，比如可以和其进行一次愉快的会谈，让他了解你在干什么。如果你能利用日常的联系，多和人交流，你就会惊奇地发现对方已经向你敞开心门了。

那么，我们可以向哪些人去请求获得引荐新客户的机会呢？

**1. 老客户**

销售人员要重视每一个客户，更要重视老客户，能够成为你的老客户，说明他们从产品中获益，非常信赖你的产品，并且也非常欣赏你。请求这样的人给你介绍新客户，他们通常会非常乐意的。

由老客户推荐生意的成功率高达60%，相对而言，一个销售新手即使去拜访100个人，也许都无法成交一笔生意。由此可见，被推荐的生意对销售人员具有非同一般的价值和意义。

一个成功的销售人员往往是在保证现有客户的基础上再继续寻找新客户。如果没有老客户做坚实的基础，新客户的订单也只会是对所失去的老客户的填补，总的业绩是不会获得提高的。因此，推销员应该有意识地让新客户变成老客户，并由老客户推荐更多的新客户。

当你想要请求他们向你介绍新客户时，可以先给对方打个电话，了解一下他对所提供产品或者服务的评价，进行轻松聊天，不要让对方感觉你要向其推销产品，而要让其感觉这只是一次常规性的回访，然后用真诚的语言询问他们对你的印象如何。对方一定非常满意，说你一些好话。那么，你就可以捎带着向对方请求介绍新的客户给你，他们通常会很快答应的。

### 2. 不满意的客户

有很多推销员认为对自己的产品或者服务不满意的人，以后联系也没有用，他们一定不会再购买你的产品了。其实不然，你可以主动和这些人取得联系并告诉他们，你非常惦念以前双方的良好关系，并表达你想重修旧好的诚意，并且保证产品没有问题。当对方真的发现产品没有问题，而你的服务态度让他们能够欣然接受的时候，他们就成了帮助你推荐客户的重要人选。

### 3. 请新客户推荐

新客户也可以成为帮助我们推荐客户的人选，一旦他们决定购买你的产品或者服务，会不断地向别人介绍和宣传你和你的产品或服务，以便强调自己决定的正确性。

想要让新客户推荐给你客户，最好是在销售完成，双方都心情非常愉快的时候，顺便说一句，如果他们在使用产品一段时间后很满意，可以请他们再推荐几位愿意购买产品的新客户。

### 4. 拒买你产品的客户

对于那些曾经拒绝你的客户也不要放过，他们因为拒绝你，所以往往在心理上会或多或少产生一点儿愧疚感，特别是在你服务特别热情的时候。

所以，你可以请他们告诉你还有哪些人可能会需要你的产品，他们或许知道谁需要你所推销的东西。

### 5. 请竞争对手介绍

虽然你们是竞争对手，但也可以成为介绍客户的人选，他们在某方面无法满足客户，而这个时候，你的产品正好能够满足客户，竞争对手就可能把客户资料给你，以后如果你有一些自己无法用到的客户也可以给他们，这样礼尚往来，自己的客户就会更多。

**6. 请亲友介绍**

每个人都会有一些关系网，通过家人和朋友的帮忙，你会更容易获得更多新客户。

**7. 请同事介绍**

与你共事的同事，他们也有朋友圈，不妨寻求他们的帮助。

**8. 请其他销售商介绍**

如果你认识一些销售方面的能手，那么你会在销售的时候多请教他们，你就可能少走一些弯路，并且他们的一些客户资源中就可能有你所需要的，不妨向他们问一问。

**9. 请陌生人介绍**

一般在交际场合我们经常会遇到一些未曾结识的陌生人，在和这些人谈话的时候，不妨最后把话题转到你的职业上。这些陌生人或许需要你的产品或服务，也可能知道其他人需要你的产品或服务，这时候，你就要毫不犹豫地请他们向你介绍。

当然，在使用这种方法的时候，要注意以下一些问题。

**1. 要取得现介绍人的信任**

一个推销员通过诚恳的销售态度和诚挚的服务精神，就一定会赢得介绍人的信服、敬重与工作上的配合，在获得介绍人的信任后，他会非常愿意帮助你。

**2. 描述清楚自己想要找的新客户**

如果没有明确的目标，有些人会一时想不起给你介绍哪些人才是最合适的，所以，你要把自己想要找的新客户的要求具体说明，这将有助于对方为你找到符合要求的客户。

### 3. 要评估新客户

为了能够在见到新客户前有充分的准备，就要详细了解新客户的各种具体情况，所以，你需要向介绍人详细询问有关情况，并对新客户作恰当的评估。

### 4. 感谢介绍人

在行业中，通常对方给自己推荐客户后，要给对方一定的付费感谢，这种方法能够极大增强介绍人的积极性。

对那些表示持续提供新客户的朋友，可以时不时地送一些表达感谢的小礼品，这样有利于你们建立良好关系。

### 5. 制作一个花名册

为了方便查找和联系，可以把介绍人和新客户的具体情况详细记录下来，并安排时间拜访，这样工作起来更有条理性和计划性。

这种方法既便捷，又有效果，推销人员不妨学着挖掘这些客户。

## 从公司内部挖掘客户信息

在开发朋友圈的时候，有一点是非常重要的，那就是推销员应该充分利用公司内部的资源，搜寻对自己有帮助的各种信息。但是，有很多推销员往往都忽略掉了自己所在公司的信息，其实自己所在公司是最容易充分利用的资源，而且肯定能爽快地给你提供帮助。

那么，自己公司内部有哪些可以利用的资源呢？

### 1. 寻找公司现有客户

公司都拥有很多的部门，所以当你在展开推销的同时，你公司的其他部门也许正在向一些你不知道的客户采取行动，你可以从这些部门获得一些有价值的客户信息。

公司现有的客户是最好的潜在推销对象。因为他们了解你们公司，信任你们公司，是你们公司的老主顾，当你的产品正好是他所需要的时，他肯定会非常感兴趣，并且通常会很乐意和老主顾打交道的。

2. 从广告部门获得信息

为了推销某种产品，公司通常会在某一区域通过电视、广播或者报纸杂志做广告。公司打广告也要留意，推销员应该注意思考和观察，看打了广告的区域中客户的反映，并研究他们的购买倾向和购买原因，我们可能会从中发现一个庞大的客源群。

3. 从财务部门获得信息

很多推销员会忽略这个部门，以为这个部门的人和外界打交道的机会少，认识的人有限，他们对自己的帮助应该不会很大。

如果推销员这样想就错了，财务部门也是一个不容忽视的途径。通过公司的财务部门，我们可以了解那些不再从公司买东西的老客户。如果你能知道他们不再购买的原因，便可以对症下药，采取一些技巧，让他们重新光顾。他们往往很熟悉你提供的商品或者服务，熟悉你的公司情况，如果他们能够重新光顾，也是一个不错的资源。

4. 从服务部门获得信息

公司的服务部门也是能够获得宝贵信息的重要来源。公司服务部门的人员经常要和从公司购买了产品并需要维护或保修的客户进行接触，所以他们更容易知道哪些客户需要什么样的产品。因此推销人员可以通过和服务部门的人员打交道，获取有关潜在客户的各种信息。

当然，在他们的帮助下推销获得成功时，要相应给予他们一定的回报，以鼓励他们的积极性和主动性。

此外，公司的送货员也容易发现潜在客户的需求，非竞争对手企业的服务部门也可以进行合作。

### 5. 从调研机构获得信息

对推销员来说，找准推销对象非常重要，所以，在推销之前要对潜在客户有一个基本估计，适当地限定推销范围，准确地确定推销的重点和方向是非常重要的。

那么，为了能够更好地选准推销对象，我们可以和调研部门进行沟通，通过他们收集上来的市场情报来寻找客户。

这种方法能够帮助推销员方便、快捷地工作，能大大减少推销工作的盲目性，节省寻找客户的时间和费用。同时，推销员还可以利用这种方法通过各种资料，较为详细地了解客户的情况，在登门拜访客户前做好充分的准备。

总之，充分挖掘公司内部资源，尽可能去寻找更多自己不认识的客户，每个人、每个部门都可能让你认识更多人，获得更多的客户资源，一定要多多开动脑筋。

## 汤姆·霍普金斯销售心经

» 只要你开始致力于别的销售员遗留在公司的档案，你的收入就起飞了。
» 除非你推销的产品极其特殊，市场单一、狭小，否则，对你来说，每一个人都是潜在客户。
» 熟人圈会像滚雪球一样越滚越大。你的熟人圈会成为你事业的基础，不能掉以轻心。

PART4

# "销售天王"
# 金拉克教你超级销售心法

不论你卖什么,都要让它清晰地传达给你的潜在客户:买了它比不买它要来得好。

——金拉克

金拉克,国际知名的演说家、作家,全美公认的销售天王,最会激励人心的大师。他从一个名不见经传的小推销员,一直做到几家公司的销售冠军,后来他以自己的经历,向人们传授销售经验,最后成为风靡全球、改变无数人一生命运的演讲大师。由于他对演讲界作出的杰出贡献,曾荣获"全美演讲家协会影响力大师奖""国际主持人金槌奖",以及令人艳羡的"卡弗特奖"。

## 巧用三种类型问题

通常情况下,客户想要的是从推销员那里得到解决问题之道。所以首先要让他们找到问题是什么。

千万不要在分析客户的需要前去展示产品。不要让产品带着走,我们应该以需要为导向,就像开处方之前需要先诊断,且让客户认知病情一样。不要告诉他们你的产品是什么,要告诉他们你的产品能为他们做什么,以及为什么能够做。

想要分析出客户需要的最好方法就是问问题,问题就是答案。通过问问题,我们能够搜集到很多重要的资料让我们能够帮助客户;如果我们能用专业的方式问问题，我们就能够建立销售环节中最重要的一环：信任。

在市场经济时代的客户更容易心存怀疑，心思更加缜密。身为专业推销人员，我们必须鼓励客户与我们分享他们的需要、欲求、难题和兴趣。这样一来，我们就可以鼓励他们使用我们的产品，为他们解决问题。但是有的推销员稍微使用不当就会把鼓励变成操纵，他们可能会设置一连串的问题，然后让客户跳进圈套再操纵客户，但是，现在的客户也不傻，根本不吃你这套。要将操纵变成鼓励，这样才能够让成交更为容易，让彼此的合作更为长久。

下面有三种基本类型的问题能够帮助我们发现潜在顾客的需要——所有问题，不论是情感方面的还是理智方面的，都应该在这三种类型之内。

### 1. 开放式的问题

这种问题让被问问题的人不论如何都会喜欢回答。因为你问问题的目的不是要去强迫客户，而是要让他们自由地进入他们所选择的领域，可以让准客户随着他们的思想自由地游走。

开放式问题主要内容应该是以询问客户的观念、需要、欲求和意见为重点。表示对客户的真诚关心，而没有一丝强迫意味。

开放式的问题就是问：你认为为什么？你觉得如何？诸如此类。

问开放式问题时最容易犯的错误是越俎代庖，提供答案。我们不是在出选择题，当你提出开放式问题后常常会有片刻的沉默，沉默会让人感觉不舒服。但要让回答问题的人作出明确的回答，沉默片刻是必须的。不要因为你的不舒服就主动去提供答案，或者急于表现你对情况的洞察。你问问题和倾听答案的本领会直接影响到你获得财富的多寡。

### 2. 闭合式的问题

较之没有一定范围限制的开放式询问，闭合式的问题必须使问题澄清到一定的范围。

您是在哪里看到这款产品的？是谁向您这样讲的？诸如此类。

### 3. 是非性的问题

这种问题要求的是直接进行肯定或否定回答。但我们只能问已经知道答案的问题。这种问题可以让你检查出销售进程的进展。

有些推销员将这种问题看作尝试成交法，因为你可以依据问题的回答来判断是不是接近买卖的尾声了。

此外，问问题要情感与理智并进。如果你作了产品演示之后，认为你的产品的确能够为准客户节省金钱，这时你不妨问以下三个问题：

您能看出我们的产品可以在哪里省下您的钱吗？——让客户心动的开始。此时谈话是在情感层次。

您有兴趣省钱吗？——把客户从情感的层次带到了理智的层次。让他们相信你的产品能够帮助他们省钱，而他们省钱的欲望是坚定的。

如果您想开始省钱，您认为什么时候开始最好呢？——这个问题就是要求立即行动，你在情感上提醒他们如果不采取行动，就会损失金钱。

优秀的推销员都善于用恰当的词句来营造情境。比如，一个推销员通过问客户3个问题，为其创造了一种情境。他为客户勾画出了一幅特殊的画面。他的目的是帮助人们了解节省小钱并非毫无益处，而是定期的累进，并且这个数字会成倍地增长。他的3个问题是这样问的：

客户先生，如果我出价100块钱叫你走路到多伦多，你愿意吗？（否定回答）

如果那边有100万元在等着你，你会现在就开始走，是吗？（肯

定回答）

如果我告诉你如何能到达那个百万城市，你只要每个月省下100块钱，你愿意今天就跨出第一步吗？你愿意吗？（肯定回答）

害怕失去的情绪大过想要获得的渴望，如果你让客户感觉到失去的痛苦，然后帮助其解除这种痛苦，那么你就很容易让其签单了。

如果推销员能够灵活运用这些问题，就会收到非常理想的效果。

## 细分价格的妙法

有很多时候，并不是客户对产品没有需求，而是因为客户心里想着省钱，客户本着能省则省的原则，在面对推销员的时候，就会使用各种各样的借口来试图降低价格。这时，推销员要善于采取灵活的、迂回的方式与其周旋，并说服他，使交易顺利完成。

金拉克在销售厨房设备期间，主要推出的产品是一种不锈钢的锅。这种锅在设计上为了导热均匀，其中央部分比一般锅要厚一些，且其结实程度令人难以置信。为了证明它有多么坚固，金拉克甚至曾说服一名警官用手枪对准它射击，结果子弹竟然没有在那口锅上面留下半丝痕迹。

但是因为这种锅是一种换代产品，属于全新的品种，其价格自然要高于传统锅，并且高出很大一截。正是因为价格高的问题，金拉克在向客户推销产品时，经常会遭到客户的拒绝，理由不外乎是："这锅太贵了！"针对这个拒绝的理由，金拉克设计了一套使客户心甘情愿掏钱买下这锅的说话技巧。

这一天，一位夫人又以同样的理由拒绝了他。

金拉克没有失望，他不慌不忙地继续问道："太太，您认为贵了多少呢？"

"大概要贵200元吧。"

这时，金拉克就郑重其事地拿出随身携带的笔记本，在上面写下"200元"字样。然后又问："那么，太太，您认为这个锅可以用多少年呢？"

"几十年都不会坏吧？"

"那您是想买一个用几十年的锅了？"

"那当然！"

"那么，让我来帮您算一笔账，咱们就以最短的10年为例来算，以您说的200元来看，使用这种锅每年只不过贵20元，是这样吗？"

"是的，是这样。"

"如果是这样，那么每个月又是多少钱呢？"金拉克边说边在笔记本上演算给她看，"如果是那样的话，每个月就是约1.7美元。"

"是的。"

"可是，太太，您一天要做几顿饭呢？"

"一天大约两三顿吧。"

"好，那咱们一天就按两顿算，那么一个月就要做60顿饭。如果是这样的话，那么用这样的好锅做一次饭，比用普通锅做饭实际上贵不到3美分，这下您还感觉它很贵吗？"

金拉克一边说一边把这些数字一一写在笔记本上，并在每个步骤上停留片刻，让她看清楚。结果，这位太太满心欢喜地掏出钱来把锅买下了。

金拉克这种细分法非常值得借鉴，把所有有关的数字写在纸上，让客户参与进去进行计算，让一个庞大的数字经过细分，让客户自己看明白你产品的价格是合理的，你的产品就值那个价钱。

可以说，这是对待顾客提出的价格异议的最有效的一种解除心理犹疑与戒备的办法，你不妨试试，相信效果肯定不会让你失望的。

## 利用"从众心理"说服对方

世界一流推销大师金拉克在推销时，总是会随身携带两张纸。一张纸上满满地写着许多人的名字和别的东西；另一张纸是则是一张完全空白的新纸。

他拿这两张纸到底有什么用呢？

原来，在写满字的那张纸上都是客户的推荐词或推荐信，当他的推销遇到客户的拒绝时，他就会说："某某先生/女士，您认识杰克先生吧？他是我的客户，他用了我们的产品感到非常满意，他希望他的朋友也能够享有这份满意。您不会认为这些人购买我们的产品是件错误的事情，是吧？"

"您不会介意把您的名字加入到他们的行列中去吧？"有了这个推荐词，金拉克一般都会很容易说服拒绝他的人。

那么，另一张没有任何字的白纸是用来做什么的呢？当成功地销售一套产品之后，金拉克会拿出一张白纸，说："某某先生/女士，您觉得在您的朋友当中，还有哪几位可能需要我的产品？"

"请您介绍几个您的朋友让我认识，以便让他们也能享受到与您一样的优质服务。"然后把纸递过去。大多数情况下，客户会为金拉克推荐2~3个新客户。

看到这里你终于明白这两张纸的作用了，正是金拉克如此勤奋地使用这两张纸，让他的客户群越来越多。他在逐一拜访后，会建立客户档案，以便自己能够经常与客户保持密切的人际关系，建立长期稳定的业务联系；同时，通过日积月累，他的相关资料越来越丰富，对这些资料分析整理之后，从中获得了很多有价值的信息，为其与客户打交道提供了更大帮助。

日本的推销之神原一平也强调任何业种的推销人员都要有客户档案，他自己在填写客户档案时，不仅记录每位客户的基本情况，而且还记录每次推销活动中与客户会晤时的重要谈话内容及感想，特别是将自己的答复与表现记录其中，事后反复研究以发现问题，不断完善自己。

另外，那张记录有老客户名字的纸就是一种证物，它证明了推销员产品的受欢迎程度，起到了宣传作用，而这样客户更愿意接受产品了。

"从众心理"其实是一种客户购买过程的心理活动，通俗地解释就是"人云亦云""随大流"；大家都这么认为，我也就这么认为；大家都这么做，我也就跟着这么做。如果销售者能有效地掌握或调动客户购买行为中的从众心理，肯定有助于产品的销售。

## ✓ 金拉克销售心经

> » 人们才不在乎你懂多少，他们只在乎你对他们关心有多少。你必须把准客户的利益放到第一位，帮助他们发现身上的不平衡之处。
> » 顾客要的不是产品本身，而是购买产品能带给他们的结果。
> » 只要你帮助别人实现梦想，你就能够让自己美梦成真。

**PART 5**

# "推销员作家"
# 罗伯特·舒克教你感染你的客户

尽量使自己成为一位随和的人，而且令人不致感到有压迫感。换言之，你必须是一个态度轻松自然、毫不做作的人。

——罗伯特·舒克

罗伯特·舒克，美国著名推销员、作家。经过艰苦努力的打拼，舒克成为了舒克联合公司、美国管理人员公司和美国管理人员保险公司的创办者和前任董事长。从1978年起，罗伯特·舒克开始成为全职作家，他主要从事非小说类和商业类图书的撰写，比如《全面承诺》、《完美的推销解说》、《反败为胜：新福特汽车公司》等多部销售学领域的畅销书。

## 记住对方的名字

当你问一位擅长销售的人"世界上最美妙的声音是什么"的时候，你会听到答案是"听到自己的名字从别人的口中说出来"。通常，一个人能够叫出另一个人的名字，就会使对方感到非常亲切；反之，对方会产生疏远感、陌生感，进而增加双方的隔阂。

对于推销员来说，不可避免地要与陌生人打交道。有时候，明明自己的态度非常诚恳，语气亲切和蔼，可怎么就是不能获得客户的"芳心"呢？这个时候，我们是否应该从称呼对方上下手寻找原因呢？仔细回忆一下，你对于对方的姓氏了解了多少，你在乎他的头衔吗？你的称呼是否足够亲切自然？有时候叫别人先生，还不如叫对方老师；叫对方小姐，还不如叫她同志。这些称呼不但让人感觉心里舒服，还会有种受到尊重的感觉。而就是这样简单的问题，却让叫出客户名字与不能叫出客户名字的销售人员之间的业绩相差悬殊。

既然记住对方的名字这么重要，我们就一定要好好记住对方的名字，在第二次见面时准确无误地叫出他的名字，但是，这个对于很多人都感觉有些困难。尤其是推销员每天都在和各种客户打交道，也许他们的客户是几百甚至上千人，怎么能够牢固记住对方的面孔，并把名字对号入座呢？

有一年，罗伯特·舒克一连听了一位记忆专家讲了三个晚上的记忆训练课，获益匪浅，由此认识到记住别人名字的重要性。此后，他还翻阅了有关书籍，听了其他一些讲座，巩固其所学。

那位专家提出：记住名字与面孔，有以下几个原则。

### 1. 集中注意力

心理学研究表明，记忆力问题其实是注意力问题。人们都说眼睛是心灵的照相机，能把我们看到的东西记录下来。闭上眼睛，那些东西就会出现在脑海里，就跟看相片一样。大脑之所以记得，大都是因为用心看了，记姓名与记面孔是一个道理。要想记住别人的名字和面孔，要集中注意力，这也有助于克服你与陌生人见面时的拘束感。

### 2. 反复记忆

我们都可能经历过这样的情况，刚刚认识的人，不过10分钟，就忘了对方的名字。如果不多重复几遍，也记不住。要想记住名字，一个非常有效的办法就是在谈话中反复使用，多次重复。比如，如果你正在和一个客户交流，你可以反复叫他的名字："某某先生，您的名字我念得对吗？""某某先生，您出生在费城吗？"

你可试着把他们的名字编成顺口溜，牢记在心。这个方法帮了罗伯特·舒克不少忙。一次，他与四名牙医会面，他们作介绍时，罗伯特就在想该用什么方法来记忆呢？突然间他想起了一个神话故事，便用谐音把名字串成一句话，很容易地就把对方的名字记住了。

如果是熟人，见面时要叫出他的名字。大家都愿意别人喊出自己的名字。所以，不用管他是干什么的，也不管他和你什么关系，都可以直接叫出他的名字。

你也可能会碰到这样的情况，见到一个熟人，却想不起对方的名字？这时候我们该怎么办呢？先不必着急，这样的事人人都会碰到，可以开玩笑似的直接说你忘了："我从不忘记别人的名字，可这次竟一时记不起您的大名，因为能见到您实在是太让我激动了。"

你可以把要记的名字列个单子，在茶余饭后多念上几遍，相信一周时间就可记住。

总之，只要不断地练习，记忆力就一定会变好。如果有可能，可以在与客户见前，利用一些时间熟悉对方，利用零散时间，不断地"重复"他的名字。

### 3. 随时随地记下他人的名字

无论是从别人那里打听来的名字，还是自己查询的，抑或第一次会面对方告知的，无论何时何地，我们都要及时地把这些名字收录在记事本上，并在每个名字后面注明对方的头衔、职位、所在的公司等，并常常拿出来温习。就像资源库一般，当你记下那些跟自己曾有一面之缘或者还没有来得及有交集的人的名字，随着时间的推移，它们就会变成一大笔丰厚的资源，根据你的需要，随时为你所用。

### 4. 联想

联想也是一个提高记忆力的很重要方法。

很多人的名字后面都有一个有关于起名字的小故事，而这些内容，客户都非常喜欢说，所以，如果你觉得一个名字实在太难记，就问一问它的来历。

另外，直截了当地问也是能够产生联想，记住对方名字的好办法。

有一次罗伯特·舒克与好几个人见面，有一个人名叫克林克司·克尔斯，不太好发音，罗伯特·舒克就说："对不起，您能再说一遍吗？"那个人很礼貌地又说了一遍。舒克再问："不好意思，我还是没记住，您能告诉我怎么拼写的吗？"那个人又教了他怎么拼写。舒克还是接着问："您的名字可是不常见，您能告诉我怎么最容易记住吗？"

看到罗伯特这么啰唆，那人会厌烦吗？恰恰相反，那个人很耐心地教他怎么记。这样一来，罗伯特就永远不会忘记他的名字了。当然，他也很难忘记罗伯特了。即使忘记了，一提此事，他一定想得起来的。后来他们不期而遇，罗伯特直接叫出了那人的名字。那人非常高兴，罗伯特自己当然也很高兴。有这样的氛围，生意能不成功吗？

罗伯特对记不住别人姓名的事表示惊讶。他认为这不需要天分，只需要你扎扎实实地做一些非常简单的事情。只要坚持，只要用心去记，集中注意力，不断地重复，用不了多久，客户的姓名和面孔就会深深印在你的大脑中了。而且，大脑使用得越多，记忆力就越好。

当然，作为一名出色的推销员，罗伯特不但要记下客户的姓名和电话，还要记住秘书和接待员，以及其他相关人员的姓名。这么多人，不专心记忆，推销工作肯定受影响。每次见面，只要罗伯特能够准确地叫出他们的名字，他们就会很开心。而他们知道罗伯特认识的人多，就更加高兴。自然，他们也非常愿意帮助他，而罗伯特也的确得到他们的很多方便。

可见，勤记忆，多了解情况，一定能够不断增加自己的记忆力，记住更多人的名字，获得更多客户的好感。

## 真诚地喜欢他人

如果一个人只关心自己，他肯定不会成为受人欢迎、被人喜欢的人。因为希望被人喜欢和欣赏是人们内心深处的渴望，如果你只是过度地关心你自己，就没有时间及精力去关心别人。别人想获得你的关心，却无法从你这里得到，当然也对你产生不了好感，不会去注意你。要想成为受人喜欢的人，想要让自己的生活愉快、成功，就应该把注意力从自己身上转到别人身上去。

怎样才能赢得他人的欢迎呢？

其实，答案很简单，但非常重要：要获得他人的喜爱，首先你必须真诚地喜欢他人。这种喜欢必须是发自内心的，而非另有所图。

当然，这并不容易做到，因为客户会对陌生的推销员持谨慎态度，不会轻易地对推销员产生好感。但是，如果推销员能学着多多喜欢别人，把对方看成是自己的亲友那样关心，今后让客户对你产生好感就容易得多。

你想要让别人喜欢你，你必须先学会去爱别人。要真正地去关心别人、爱别人，激励他们展现最好的一面。那样，正如不求报酬做善事终会有所回报一样，别人也会加倍地关心你、爱护你。正如卡耐基所说的，关心他人与其他人际关系的原则一样，必须出于真诚。不仅付出关心的人应该这样，接受关心的人也理应如此。它是一条双向道，当事人双方都会受益。

如果你对他人真正有兴趣，并且认为他们很重要，你就经常多关心他们，这无疑会增加你获得成功和幸福的概率，别人也会因此而喜欢你。你必须向他们提供建设性的帮助，同时具备与人沟通的技巧。

在罗伯特·舒克加入保险业的第一年，他和他父亲的公司所使用的推销方法还是十分原始的。其手下的推销员手中都拥有数量或多或少的"推销线"，而这个所谓的"推销线"仅仅是一个潜在买主的名字，他们把这些人的名字、地址、职业等信息写在一张被称为备忘录的卡片上。

推销员的工作就是照着备忘录上提供的这些信息找上门去，并且按照他们父子合写的一本推销小册子上的方法开始推销——直接找到公司的负责人，然后用一种严肃且故作神秘的口吻告诉他，有一件非常重要的事情要同他商量，而且这件事非常机密。大多数人会以为这个人不是国税局的就是联邦调查局的，所以不会多问就把推销员请进办公室，于是推销员就可以开始步入正题了。

大多数情况下，要花上差不多五分钟以上的时间，这位潜在的客户才明白你是做保险推销的，这时推销员就可以用尽量把问题说得严重一些的方法来说服对方买保险。

在初期，罗伯特的父亲认为这个方法十分有效，可是他手下的一个推销员却否定了这个方法。这名推销员手里有20条"推销线"，这20条推销线都在一个区域里。一次会议上，这名推销员向罗伯特的父亲抱怨，这个区域太糟糕了，要求换一个区域。因为他花了大量的时间辛辛苦苦地去拜访了这20个潜在的客户，结果没有一个人肯购买保险，而他确实是照着推销手册上的要求去做的。

他父亲站起来说："不是区域的问题，是你的问题，你的心理态度不对。""不，谁也不能与这个区域的人做成生意。"推销员反驳道。"那好吧，咱们打个赌，我亲自去做。如果我在下个星期以前与这20个人中的10个做成了生意，那么你就请我吃牛排，而你只能吃豆子。如果我输了，那我吃豆子，你吃牛排，怎么样？"就这样，罗伯特的父亲接受了这个挑战后就马上开始行动了。他把这20个人的备忘录钉在墙上，让大家等着看他带回来的客户申请表是否与墙上的备忘录吻合。

没有人相信他会成功，即便罗伯特也认为父亲说的是大话，大家都等着看他输了之后如何收场。

在接下来的一个星期，大家都在焦急地等待着。这一个星期中罗伯特的父亲都早出晚归，半点情况都不透露，显得十分神秘。

终于到了谜底揭晓的时刻了。星期六的会议上，他在员工面前打开公文包，慢慢地抽出一份附带支票的客户申请表，并大声地读出了客户的名字，接着是第二份、第三份……在大家带着惊讶的赞叹声中一共拿出了16份。接着他开始向大家讲述他的推销过程，他对这20个潜在的客户说的都是同一番话："您好，我是'富达洲际'保险公司的赫勃·舒克，我知道上个星期我的员工来拜访过您，我到这里的原因是这个星期我们又出台了一项新的保险条约。重要的是，比起旧条约这项新条约的内容有许多更好的东西，而且价格不变。您只要给我几分钟的时间，就会知道这些不同的内容。"

其实公司根本没有出台什么新条约，他拿给客户看的条约和那个推销员拿出的是一样的，对条约的介绍也一模一样，但他给客户解释条约之前总要加上："请您一定要仔细地听，因为下面我要说的内容都是全新的""下面这点您要特别注意，因为它十分特别"。而客户听完之后总是会说："是啊，真的有好多不同！真是谢谢你啦！"包括那四位没有投保的人也是这么说的。结果，那顿午餐全公司的人吃的都是豆子，只有罗伯特的父亲一个人吃着美味的牛排。

其实，罗伯特的父亲并没有使用什么特殊的招数，而只是多加了两句关心的话，用强调的语气引起客户的注意，让客户发现保险上的优点，从而愿意购买。

知道如何帮助别人是一门艺术，一个人如果知道该怎么去做到这点的话，他必能获得别人持久的感情。

但在实际工作中，有很多推销员图一时小利，靠嘴巴忽悠客户，光在嘴巴上说"我要去喜欢他人"，这是没用的，还要将其付诸行动。仅仅是耍耍嘴皮子，口头表达一下对客户的关心，而在实际行动中却对客户漠不关心，客户会察觉到的，即便被忽悠一次，下次他也绝对不会再购买你的产品了。

用真诚的态度和无私的爱心去帮助你的每一位客户，尤其不要忘记这句话："我从未遇见过讨厌的人。"秉持这一信念努力实行。那么，客户就会成为你的朋友，成为你的忠诚客户。

## 用同情心对待客户

在销售过程中提高情商也意味着能提高客户对产品的关注度。美国新生代惊悚小说大师迪恩·孔茨说："有些人只考虑智力的重要性：知道如何去解决问题、知道如何渡过难关、知道如何识别优势机会并牢牢抓住它。但是，如果没有同情，智力的作用是不够的。"

这里的同情是指把自己放在别人的立场上，这是一种非常重要且有效的销售手段，因为大多数人都希望别人能够同情自己和自己的处境，这种销售方式能够有效地增进销售人员与客户之间的亲密关系，形成良性互动的态势。

虽然当客户向销售人员抱怨的时候，有许多销售人员在精神上都会同情自己的客户，但需要注意的是，仅仅是心理上的同情还不够，推销员还需要向客户用清晰的语言明确地表达对客户的同情之心。

把同情之心转化成语言，向客户表达您的关心，表达您和他们的一致立场以及你对他们的理解、尊重和欣赏，这样推销员的关心传达到了客户那里，客户就会感觉自己得到了他人的支持，就会与你拉近距离，就会对你产生良好的印象。

一位客户在购买鞋子的时候，告诉销售员，他曾在开始跑步的时候不幸遭遇外径夹。外径夹通常是由磨损的鞋子所造成的一种伤害，非常疼，并在其准备换掉鞋子的时候，指着受伤的地方，告诉顾客是怎么受伤的，并提出了对所买的鞋子的特殊要求。这个销售员非常同情这名客户，主动蹲下来详细地看了客户的受伤处，然后，他稍加思索一下，便走进柜台，翻找鞋箱，找了快20分钟的时间，这个销售员终于找到了一款鞋子，他非常高兴地对客户说："您看这双鞋特别适合您，虽然现在样子有些不流行，但为了保护脚，我建议您使用这款鞋，否则，您的脚又疼了。"客户听了销售员关切的语言，非常感动，不住地夸奖这个销售员是好小伙，销售员接着又详细地介绍了鞋子的材质，最后，客户满意地带着这个销售员介绍的鞋子走了。

在服务过程中，如果客户对产品不满意，也可以用同情方法。比如，当一个客户要退还次品的时候，心中一定非常愤怒，也很沮丧，感觉自己很倒霉。但当客户开始用言语攻击的时候，服务人员的第一反应通常都是："我只负责销售，不负责生产。"要么就是："是的，这一款的退货率都很高。"像这样的话一说出来，不仅不会起到化解客户内心的烦躁作用，还会让客户更加愤怒，起了火上浇油的负面效果。其实，在这种情况下，对客户表示同情会比较有利于事情的解决。你可以这样说出来："您有权感到沮丧；我也能感同身受。我来看看能给您什么帮助。"

用同情心的方式，能够让客户分散对矛盾的关注，缓解客户的敌对情绪，从而有利于客户恢复理智，然后再与之进行积极的沟通，就会对完美解决问题起到良好的作用。

几年前，有一位司机收到一张停车罚单。当他仔细阅读过罚单之后，他发现罚单上面的街名写得不对。于是，这位司机开车到城市财政部门，跟他们理论这个错误。当工作人员问他是否想拒交罚单的时候，他回答说是的。而这名工作人员的回答是："如果您想拒交罚单，您就必须对簿公堂。"当这位司机继续询问有关问题的时候，这名工作人员就一再重复这句话。不管司机说什么，这名工作人员都是重复相同的内容。毫无疑问，司机的心情由此越来越坏，沮丧到了极点。

其实，这名工作人员可以这样说："先生，我能理解您此时沮丧的心情。但很遗憾的是，我对此也无能为力。像这样的情况，如果您对警察有微词的话，这件事则必须通过法庭来解决。"如果他对司机表示真正的同情，这么说的话，司机就可能痛快地缴纳10美元罚金了。

总之，在销售过程中，无论我们的客户表现出什么样的顾虑，都应该首先表示同情，让对方先接受自己，然后再根据情况酌情向客户阐述自己的观点，以求得和客户达成共识。在表达同情的时候，可以使用这些语言：

"我理解您的感受。"

"对您的关心，我表示感谢。"

"我尊重您的决定。"

"我明白您为什么会那么想。"

"我经历过，所以我知道您的感受。"

"您说得对，这是一项重要投资。"

"您不是说这话的第一人，其他人也说过同样的话。"

"这不是我第一次听说。"

"您说的话我都听进去了。"

"我明白您的意思。"

所有这些话语都表明你理解客户，你可以根据每个客户的特定目标来调整这些话的内容。

当然，表达对客户的同情还可以用肢体语言，比如，一个同情的眼神，同情地拍拍客户的肩膀，等等，都能够让客户感受到你的同情心。

表达的方式有很多，但要注意根据场合酌情使用，并且传递的信息要明确，不要让客户产生歧义。

### 罗伯特·舒克销售心经

- » 你的想法、观念决定你的一生。
- » 热忱和人的关系，就好像蒸汽和火车头的关系：热忱是行动的主要推动力。
- » 将以爱待人的态度推及至每一个人身上。尤其不要忘记威鲁洛加斯所言："我从未遇见过讨厌的人。"并秉持这一信念努力实行。

PART6

# "推销皇后"
# 玫琳凯教你与客户拉近距离

从空气动力学的角度看，大黄蜂是无论如何也不会飞的，因为它身体沉重，而翅膀又太脆弱，可是大黄蜂不知道自己不能飞，它拍着拍着翅膀居然就飞起来了。女性也是如此——虽然身背家庭的各种负担，但只要给她们以机会、鼓励和荣誉，她们就能展翅高飞。

——玫琳凯

玫琳凯是美国玫琳凯化妆品公司创办人和董事长，是美国企业界最成功的人士之一。在这家以女性职员为主的公司里，玫琳凯努力实现自己的构想：帮助女性实现自我价值。销售人员除了应得的佣金外，还能不断得到物质和精神上的鼓励，女雇员的自信逐渐确立，公司的业绩也因此增长。最终，玫琳凯公司成为了美国最大的护肤用品直销公司。

## 赞美带来成功

每个人都渴望赞美，喜欢听好话受赞美是人的天性之一。每个人都会因他人的得当赞美而得到满足。美国哲学家约翰·杜威说："人类最深刻的冲力是做一位重要人物，因为重要的人物常常能得到别人的赞美。"林肯的相貌算得上是"百里挑一"的丑陋，但他却知道赞美的重要性，他曾以这样一句话作为一封信的开头："每个人都喜欢赞美的话，你我都不例外……"

玫琳凯公司里的一位推销员，虽然很有能力，但由于她经验不足，在两次展销会上都没有卖出什么东西。在第三次展销会上，她终于卖出了35美元的东西。虽然在大多数人眼中，这数目少得可怜，但玫琳凯反而表扬她说："你卖出了35美元，比前两次强多了，真是了不起！"

老板诚恳的赞扬令这位推销员心里热乎乎的。通过自己的努力，她终于成为了一名出色的推销员，财富与名望都不断地增加。

赞美有着神奇的力量，它能够鼓舞人心，比批评更能得到一个人更多的努力和配合。当你觉得士气低落、意志消沉时，有人适时对你赞美、鼓励一番，顿时使你精神大振，忘掉所有疲惫。

玫琳凯提起她记得的一个例子：

有一个高中的校田径队，教练将队员分成三个集训小组，并在训练时作了一个心理实验。

教练对第一小组成员的表现大加赞赏，说他们"表现卓越，太棒了"！第二小组则被告以"不错，如果你们能把膝盖稍微抬高一点儿，步伐再稳一点儿，就可以了"。至于第三组，得到的话则是"真搞不懂你们是怎么回事，就是抓不到要领"。

事实上，这三个小组成员的素质、能力都一样，但是经过这样一个实验后，结果第一个小组获得最好的成绩。

这样耐人寻味的结果告诉我们，所有批评似乎都具有毁灭性。即便有时适当的批评是必须的，但在批评的外面加上两层厚厚的赞美做成"三明治"，这样的结果会更好。

每当我们听到别人对自己的赞赏，并感到愉悦和鼓舞时，不免会对说话者产生亲切感，从而使彼此之间的心理距离缩短。人与人之间的融洽关系就是从这里开始的。

你的一句不经意的赞美，如"你穿蓝色的衣服很好看"，就会让听者变得爱穿蓝衣服。由此我们可以得到启发，如果我们推销员能够给客户以赞美，客户就会更愿意购买我们的产品。

那么，我们推销员该怎样学会赞美呢？

世界上最成功的商人之一、美国亿万富翁德士特·耶格有如下建议：

（1）你只需要练习向别人说你自己喜欢从别人那里听到的事情。

（2）当他们出色地做到某件事情后，你能够祝贺他们。

（3）你懂得告诉他们，你是多么欣赏他们所作的贡献。

（4）当他们看起来很不错或者对你说了有价值的东西时，要告诉他们你的想法。

（5）使用你的赞美时，尽可能慷慨大方，记住时刻注意那些可以称赞的人和可以称赞的事物就可以了。

虽然赞美是非常美好的，但现在的客户已经听惯了一些推销员的空洞的赞美，结果，在他们心中认为任何一个推销员都是那样的油腔滑调，眼睛总是在盯着他们的钱包。

也许我们的推销员是出于好意，是想营造融洽的氛围，是想拉近与客户的距离但就是因为不知道怎样赞美才导致让客户产生误会。

所以我们推销员要学会让客户感觉到你的赞美是真诚且可信的。那么，我们该怎么做呢？

**1. 赞美事实而不是人**

要是我们把赞美的焦点放在了别人所做的事情上，而不是他们本身，他们就会更容易接受，并相信我们的赞美，而不会引起尴尬。比如，"玛丽，你的书写得真好"要比"玛丽，你真棒"让人容易接受；而"杰克，你昨天在大礼堂的演讲非常精彩"比"我实在找不出一位比你更好的演讲家了"要让杰克觉得自豪。

**2. 针对某一事情进行赞美**

当赞美的对象是针对某一件事情时，赞美会更有力量。称赞得越广泛越庞杂，它的力量就越弱。所以推销员赞美客户时，要针对具体的某一件事情。

比如，"比尔，你今天的穿戴非常得体，你的领带跟你的黑色西服很相配"要比"比尔，你今天穿得很好看"更能说到比尔的心里去；而"玛丽，你每次和人们说话时，都能让他们觉得自己很重要"就比"玛丽，你很会与人相处"更有力量。

### 3. 善于发现对方的亮点

当我们来到朋友家里做客时，看到客厅墙上挂着一幅山水画，我们往往会情不自禁地赞叹道："这幅画真不错，给这客厅平添了几分神韵，显出了几分雅致，谁买的？眼力可真好！"

也许，这句话只是我们不经意间随便说出来的，但我们的朋友会感到很欣慰，心中的滋味一定很不错。

所以对于推销员来说，来拜访客户的时候，不妨在一番寒暄过后，拿身旁的一些东西恭维一下客户，只要你用心，你身边一切东西都可以成为恭维的对象。

比如，你可以对接待室的装潢设计赞叹一番，还可以具体地谈及一下桌上、地上或是窗台上的花卉或盆景等，这些花卉和盆景造型如何新颖独特，颜色亮度等又是如何搭配得当，甚至还可以对它们的摆放位置用"恰到好处，错落有致"一类的词语来形容一番。这些赞美实际而不空洞，会令客户非常受用的。

这里我们要注意，赞美是说给人听的，赞美东西时，必须与人挂上钩，否则，我们只是称赞东西有什么特色，就无法突出对人的赞赏。要紧紧盯住对方的知识、能力和品味进行称赞。

### 4. 正合对方心意的赞美更好

当我们的赞美正合对方心意时，会加倍地增强他们的自信，并且这个时候即便你说的话稍微有些夸大，也不必担心对方会反感，因为他们自己也认可你的赞美，所以，他们宁肯相信你所说的都是正确的。

怎么才能找到对方的心意呢？日本顶尖业务员齐藤竹之助说："寻找对方的弱点，加以赞美，通常会正中对方心意。想要找到对方弱点，我们可以从他们最爱谈的话题中了解到。因为言为心声，心中最希望的，也就是他们嘴里谈得最多的。你就在这些地方去赞美，一定会对他们的心意。"

比如，对于一位非常漂亮的女士，我们要避免对她容貌的绝色进行赞美，因为她对这一点已经有绝对的自信。但是，当我们转而去称赞她的智慧时，而她的智力恰巧不如其他人时，那么我们的称赞，一定会令她芳心大悦。

总之，真诚、真切的赞美总会让我们的客户感觉开心、愉快，这样你们之间在谈业务的时候，就更容易达成默契，形成合作关系。

## 发掘客户的可赞美之处

通常，客户在说话时都会显得杂乱无序。但我们要想影响别人，就必须懂得从对方那一盘散沙般的语言里，"淘"出潜藏着对方意图的赞美点，然后把它扩大和引申。

有了适当的赞美机会，我们就应该说出来。反正这时候，谁都喜欢得体的赞美。同时，赞美要找准切入点，找出可赞之处，这就需要人们用眼睛去发现、去挖掘，这也是推销员最该掌握的一种技巧。

化妆品推销高手、美国化妆品大王玫琳凯就是善于把握住每一个闪光点，恰如其分地赞美对方。

有一次，她上门去推销化妆品，女主人非常客气地拒绝了她："对不起，我现在没有钱，等我有钱了再买你的产品，你看可以吗？"

细心的玫琳凯发现女主人的怀里抱着一条名贵的狗,既然能养得起这样名贵的狗,怎么是"没有钱购买"呢?玫琳凯知道,这只是对方的一个拒绝自己的托词而已。

于是,她微笑着说:"您这小狗真可爱,一看就知道是很名贵的狗。"

"没错呀!"

"那您一定在这个狗宝宝身上花了不少的钱和精力吧?"

"对呀。"女主人开始很高兴地为玫琳凯介绍她为这条狗所花费的钱和精力。

玫琳凯非常专心地听着女主人兴奋的介绍,在一个非常适当的时机,她插了话:"那是肯定的,能够为名贵的狗花费足够的钱和精力的人,一定不是普通阶层。就像这些化妆品,价钱比较贵,所以也不是一般人可以使用得上的,只有那些高收入、高档次的女士,才享用得起。"

女主人听后,很高兴地买下了一套化妆品。

可见,作为推销员应该善于观察,找到客户的兴趣与爱好,投其所好地加以适当地赞美,就一定能够打动客户心,为推销成功助力。比如,对方喜欢音乐,就谈谈音乐;对方喜欢钓鱼,就说说钓鱼,等等。

除了通过寻找对方的兴趣爱好作为赞美的切入点外,你还可以根据以下几个方面作为赞美的切入点。

### 1. 根据对方的心理情感需求

交谈双方各有欲望,要迎合对方的需求讲赞美的话。一个不喜欢淑女型,而喜欢个性鲜明、男孩子气的女孩,你若夸她长发披肩,长裙摇曳,婀娜多姿,美丽迷人,她也许不会感激你,还有可能说你多管闲事。如果了解她的心理,夸她短发看起来又精神又有活力,她一定会很开心。

### 2. 根据对方的性别特征

对体胖的女子,你若说她又矮又胖,一定会令人反感;但你夸她一点儿不胖,只是丰满,她会得到几分心理安慰,不会因为自己胖而自卑。对同样体型的男子,你说他是矮胖子,他也许会置之一笑。

### 3. 根据对方的特定心境

俗话说:入门休问非荣事,观看容颜便特知。在赞美别人时,要学会察言观色。一个为事业废寝忘食的人,一夜未眠,你可以说他是"以事业为重,有上进心";一个为了债务焦头烂额、心绪不宁的人,你夸他"事业有成,春风得意",对方也许会认为你是在讲风凉话。这种赞美便会起到适得其反的效果。

### 4. 关注对方得意的事

见到、听到客户得意的事,一定要停下所有的事情去赞美。如客户给你看了他小孩的相片,那么一定要夸小孩,你无声地把照片放回去,他会很不高兴。如果客户升官了,第二天见到他,一定要用新的官称去称呼他,用新的职权去恭维他。

### 5. 适度指出别人的变化

这种做法的意义是你在我心目中很重要,我很在乎你的变化,否则就是我不在乎你,这是很糟糕的。所以说,如果不是第一次登门拜访,有段时间没有见面,你就可以指出对方的变化,这个时候无论你说对方胖了瘦了,对方都是很舒心的。当然最好是指出对方一些好的变化来让客户感觉开心。

总之,只要你细心观察,随时随处都可以发现对方的闪光点,找到赞美的切入点。

## 赞美物件要与被赞美对象联系起来

很多人不知道怎么去赞扬别人,偶尔称赞别人一次,就跟半路杀出了一个程咬金似的，使对方毫无准备，不知道是怎么回事。

比如，一个推销员张口就对一位清洁工人进行这样的赞美："你是一位非常伟大的人！"对方一定会认为他是神经病，因为这些话好像跟清洁工本人没有任何关系。

其实，如果推销员能够在前面有个铺垫，然后再把这句话说出来，也许就是让对方非常感动的话，比如，这名推销员可以先说："您把大街打扫得真干净，现在很多人都不喜欢做清洁工这个工作，认为那是件非常不起眼的工作，但是，如果没有你们的辛勤劳动，哪里有这么优美的环境呢？"这样他就把干净的大街与这个人的"伟大"联系起来，起到赞美这个人的效果了。

真正的赞美大师，非常懂得在赞美时控制好火候，将强弱分寸都拿捏得很得当，张弛有度，收发自如。

一天，玫琳凯与朋友一起到成衣店里去逛，她听到了旁边有一对女孩子在说话。两位女孩一位金发一位黑发。金发女孩买了一件新衣服，穿起来很好看，黑发女孩称赞她说："刚才你放下的那件衣服，扣子挺漂亮的。"金发女孩有点生气地说："那是什么破衣服，扣子难看死了，看看这个。"

这时，玫琳凯走了过去。她面带笑容对金发女孩说："这件衣服的领子很漂亮，衬得你的脖子像高贵的公主一样有气质，要是再配上一条项链，那简直就完美极了。"金发女孩很高兴，因为她也是这么想的。她骂黑发女孩没有欣赏眼光，黑发女孩不服气："我也是这么觉得的，只不过没说出来罢了。"

玫琳凯对黑发女孩说："其实你可以试一下这件，它特别能衬托出你优美的身材。"黑发女孩也高兴起来了。"当然，要是你们的脸上肤色再稍微护理一下，会显得气质更加优雅。"三人就开始聊起了美容化妆的话题，这也是玫琳凯最擅长和最希望的。

后来，两人都成了她的忠实顾客。

其实，那个黑发女孩说的也是很有道理，但是就因为没有把衣服和金发女孩联系起来，让金发女孩感觉不到一丝被赞美的愉悦。而玫琳凯则把所赞美的物件与金发女孩联系起来进行称赞，金发女孩一听其中有赞美自己的语言，自然会很高兴。如果只是称赞东西有什么特色而不与它所属的主人联系在一起，是无法突出对人的赞赏的。

赞美大师给我们总结了赞美的三个步骤：

（1）说出对方的闪光点。

（2）描绘那些闪光点能给现状带来什么。

（3）闪光点给你或他人带来的感觉。

在赞美中，若能经常运用上述三个步骤，那你的赞美就真的到位了。

## 精神赞美与物质赞美并进

人们非常愿得到他人发自内心的肯定和赞美，适度的赞美不但可以拉近人与人之间的距离，更能打开一个人的心扉。从人的心理本质上来看，被别人承认是人的一种本质的心理需求。获得赞美的人会更有动力去做事情，会更愿意积极地配合你。

因此，玫琳凯公司总是设法用各种赞美的方式激励员工，公司的整个行销计划都以此为基础。在各种场合中，公司总是不吝惜地给予赞美——包括物质和精神两方面。

**1. 物质赞美**

豪华游：业绩突出的销售主任，每年都可以携带家眷到香港、曼谷、伦敦、巴黎、日内瓦、雅典等地进行"海外豪华游"；年度竞赛的优胜者，也会被盛情邀请参加"达拉斯之旅"，到玫琳凯总部去"朝圣"。

粉红色轿车：这是对美容顾问的最高嘉奖。从1969年开始，每年年底，玫琳凯公司都会送出一批粉红色凯迪拉克轿车给业绩前5名的美容顾问。这种"带轮子的奖杯"，不仅让金牌美容顾问感觉无比自豪，而且还成为了玫琳凯公司的流动宣传载体。

**2. 精神赞美**

缎带：凡是美容顾问在第一次卖出100美元的产品后，都会获得一条缎带；卖出200美元时再得一条，以此类推。虽然一条缎带仅值0.4美元，但它的激励作用却要比给员工发100美元的物质刺激还要有效，它能够持续激励员工不断地争取获得更多的缎带。

红地毯：销售业绩超群的美容顾问，将会在他返回总部时受到公司为其特别铺红地毯的特殊欢迎仪式，"每一个人都像对待皇亲国戚一般高看他们"。这种精神上的赞美大大增强了员工的荣誉感和责任心，激励作用非常巨大。

别针：玫琳凯在美国达拉斯特别设计制造各种带有不同意义的别针，然后用飞机把这些别针运到世界各地，用以奖励在销售产品时有优异销售业绩的美容顾问。在每一个不同的阶段，当你有了一些进步和改善的时候，玫琳凯公司都会奖给员工各种不同意义的别针，玫琳凯公司的每一位美容顾问都会以佩戴别针为荣。

红马甲：每年在总部召开的年度讨论会上，一流的美容顾问会身穿红马甲登台演讲，并接受台下同事的掌声鼓励。

《喝彩》杂志：这是玫琳凯公司内部发行的刊物，这本杂志的最主要目的就是给予赞美，它的上面刊登每月世界各地最优秀的美容顾问名录、各种竞赛活动及获奖情况，详细介绍一流美容顾问的推销业绩和推销技巧，还刊登这些优秀女性的成功经验及成长体会。杂志每月一期，以不同的国家为单位发行下去，令玫琳凯的美容顾问们能在公开赞美中分享经验。

玫琳凯的各种赞美措施，给员工们带去了很多欢心，也让员工们将这种赞美他人的文化应用到了自己的销售过程中。

作为一名销售，能否站在客户的角度上思考问题是衡量一名销售是否成功的关键。既然客户需要赞美，我们又何必吝啬赞美呢？

当然，我们在赞美客户的时候，也可以采取精神赞美和物质赞美并举的方法。比如，在赞美对方的漂亮衣服的时候，可以附带将小小的胸针送给客户，这样客户会感到你的亲切，更愿意和你交流。

在赠给对方一个小礼物的时候，可以附带赞美一句。比如，你赠给客户的小孩一个小布娃娃，你就可以附带赞美一下："可爱的娃娃送给这个可爱的小姑娘（小帅哥）！"这样，客户一定会感觉很开心的。

总之，物质赞美和精神赞美如果能够交叉灵活使用，会更有利于与客户建立起亲密关系。

### ✓ 玫琳凯销售心经

» 一旦有人才加入我们公司，我们就会千方百计地使其安心在公司工作。如果他们不能在某一部门发挥出自己的才干，我们会尽量为他们调换合适的岗位。
» 信念第一，家庭第二，事业第三。
» 同样 24 小时，有人可以做总统的工作，也有人毫不珍惜。记住：一小时的工作，胜过一天的梦想！
» 我们不是在做化妆品生意，而是在做人的生意。

## PART7

## "销售美丽的大师"
## 艾德娜·拉尔森教你赢得顾客信任

> 推销是一种令人自豪的职业,你必须喜欢自己所从事的这一工作,才能为工作神魂颠倒。
>
> ——艾德娜·拉尔森

艾德娜·拉尔森,雅芳公司的销售代表,拥有广泛的客户群和傲人的业绩,在这个拥有14亿美元资产、97.5万名销售人员,以生产化妆品、服装和珠宝等为主的国际知名企业里获奖无数。

## 珍惜客户的信赖

信赖是人与人通过相互了解所达到的一种彼此间的相互依赖和信任。著名作家冯骥才曾说:"信赖,往往创造出美好的境界!被人信赖是一种福分,然而信赖他人却需要莫大的勇气和信心。"客户信赖一个推销员,这是推销员的荣幸,但这种信任也是非常脆弱的,一旦你失去了客户的信赖,你们之间的关系也就走到了终点,所以,每个销售员都应该珍惜客户对你的信赖。

不论是成名前还是成名后,艾德娜·拉尔森都始终十分珍惜客户对她的信任。她非常清楚:每个人在兴趣爱好、审美观念等方面都有各自不同的特质,所以人们也一定有不同的需求。

因此,她的销售从来都是因人而异的,十分具有针对性。她从来不会利用客户对她的信任来推荐客户不适合使用的产品,或者是根据自己的获利高低来推荐产品。

一般的化妆品销售人员通常都是背一个箱子去到客户家里推销，而艾德娜·拉尔森每次都要带着3个箱子。要知道，每个箱子的重量是25磅。她为什么这样做呢？因为她深知，化妆品不同于其他产品，并不是只要看到样子就足够了。化妆品是要试一试、比一比、看一看才能决定哪一款更适合客户。

自己不仅要对所推销的每一种产品的性能、特点和价格等都要了如指掌，而且一定要带上足够的样品让客户试用。这样，不仅能让客户尝试到比去商场购买时还多的品种，而且自己还能够和她们一起讨论、研究并最终作出选择与购买决定。这样才会让客户选购到最适合她们的产品。

正是这种个性化的贴心周到的服务，让每一位购买艾德娜产品的客户都对她表现出绝对的信任和由衷的赞美。在她居住的区域里，女人们都对她十分熟悉，不论老少都亲切地称她为"雅芳小姐"。一旦她们有什么事情，也都愿意找她，跟她说心里话。

当然，如此一来，很多时候艾德娜一见到客户就很难在短时间内脱身，甚至影响到她的销售业绩。谁遇到这样的事情都感觉很棘手，也许有很多人选择比较极端的方法，告诉客户自己没有时间，还要卖其他产品，以后再来光顾。但这样做就会伤害到客户，甚至你的言行中稍有厌烦的表情，客户就可能把你之前做的一切热情的行为都认为是虚假的，时间长了，他们就会逐渐疏远你，并不再信任你的再度热情。

艾德娜因为客户耽误了时间，但她没有表现出任何懊恼，她知道这是因为客户喜欢她、信任她才这样做的。当然，为了能够保证工作时间不被耽搁，她也在不断地思考，怎样做才能既不伤害客户，又能保证工作时间呢？

后来，她终于想到了一个的两全方法——艾德娜称之为"分手的技巧"。这就是，当她每次访问客户前，都会事先列出详细的时间表，且保证每次都严格按表操作。当时间一到，她就会先看看表，然后面带微笑，用依依不舍的语气说道："亲爱的，我真的很想和您多聊一会，可是很抱歉，下一个客户的见面时间就要开始了，咱们下次再聊好吗？"而客户们一般都会很理解地赶紧跟她说再见的。

她没有直接说自己要卖产品，而是说下一位客户还在等着，这样就会让客户更理解她，且不会伤到彼此友好的关系。而正是艾德娜对客户的无比重视，让她赢得了越来越多的客户。

艾德娜在工作中表现出来的对客户的爱心以及对客户的尊重、负责，都是我们做推销员应该认真学习的，有时候任何技巧都比不上你有一颗对客户真诚负责的心有效。无论在何种情况之下，急功近利都是推销员致命的弱点。如果你为了急于求成，不计后果，甚至不择手段，不懂得去珍惜客户对你的信赖，最终将由你自己咀嚼失败的苦果。

所以，真心地尊重和关心客户，客户才会信赖你，才会真心关心你、帮助你。

## 信赖自己的产品

许多推销员做不好推销工作，其实并非因为其能力不足，而是因为对自己所推销的产品缺乏应有的信心或兴趣。常常有很多推销员抱怨："我不喜欢自己卖的这个东西，可是我想提升我的业绩。我该怎么办呢？"如果连自己都对自己的产品都没有兴趣、没有信心，那又凭什么去争取客户的信任呢？

优秀的推销员不但对自己有信心,而且对自己卖的产品也有信心。他们相信自己的公司够可靠,敢拍着胸脯保证自己卖的产品绝对有益无害。你对自己产品的信心,往往会影响客户对产品的信心。因为客户的信心,绝对不会大过你对产品的信心。已故的美国知名心理学家威廉·詹姆斯曾说过:"只要你真的打心底里相信一件事,这件事就会变成真的。"

如果谁去过艾德娜·拉尔森的家,谁就大概明白她为什么能够取得那么好的销售成绩。她家里到处都是雅芳的印记:橱柜里摆满了各式各样的奖杯、奖牌,以及琳琅满目的雅芳化妆品包装瓶。她的家几乎成了雅芳产品的陈列室,桌上摆满了各种雅芳产品的说明书,无论你随意拿出哪一张,她都能准确无误地说出那种产品的性能和适用人群。

艾德娜每次向同行或者其他人介绍她的销售心得时,她总是特别强调:"因为我信赖、喜爱雅芳的产品,所以才能销售好它。作为女人,如果连你自己都不喜欢你自己推销的化妆品,怎么能指望推销给别人呢?如果推销员自己都信心不足,就会自然不自然地在客户面前有所流露,就会影响到客户的购买情绪。当推销员让客户和自己一样,对产品产生相同的喜爱和依赖时,交易的达成是自然而然的事情。"

和许多女人一样,艾德娜·拉尔森也喜欢年轻美丽,也不愿向别人透露自己的年龄,但是,当别人得知她已经是两个女孩和两个男孩的外祖母时,都会露出非常讶异的表情:"天哪!你看起来竟然这么年轻。"然后,人们自然会追问:"你到底是怎么保养的,你的驻颜秘诀是什么?"

这个时候,艾德娜感到非常开心,也会愉快且自豪地告诉她的客户说:"我没有什么特别的秘诀,我家里除了雅芳的化妆品外没有其他任何化妆品。我特别喜欢雅芳这家公司，喜欢雅芳的化妆品。它不仅带给我自信的容貌，也给我的生活带来了幸福和欢乐，所以这些年来我一直只用雅芳的产品。"

如果推销连你自己都不喜欢的产品，还指望消费者买你的账，这无异于痴人说梦。作为推销员，首先要喜欢和信赖自己的产品，从心底里相信自己的产品是最好的，相信它对客户是有益的。然后把你的感觉传递给你的客户，让客户也喜欢上你的产品，进而信任你和你的产品，那么，购买你的产品就成为顺理成章的事了。

如果你心里有一丝丝怀疑、一点点不确定，你就永远不可能说服客户。

那么，销售人员如何才能树立对产品的信心呢？

### 1. 选择好产品和有实力的公司

拥有一个好的产品才能保证成功的销售。推销员在从事推销工作之前，要对所销售的产品和公司有所选择，要选择有市场前景的产品和有实力的公司。如果产品无法为客户提供利益与价值，即便是世界上最优秀的推销员，也不能保持持续的销售额。只有保证你推销的产品质量合格、功能优良，才能保证你的收入不断增加，生活有所改善。

### 2. 自己先购买所推销的产品

客户几乎无法拒绝真正热爱自己产品的推销员，这些推销员因为对工作非常热爱，事业有成，在生活和情感上都过得很充实。而且，如果推销员能够购买和使用自己推销的产品，这在无形之中会增加客户对产品的信心和依赖性。

曾有一个推销婴儿奶粉的销售人员一直为自己低迷的业绩感到苦恼，后来，他和朋友谈起时才恍然大悟，原来他一直没有让自己的孩子食用这种奶粉，一直没有想到自己也需要。于是，这名销售人员立刻购买这种奶粉给自己的孩子食用，在孩子食用的同时，他对自己的产品有了进一步的了解。在他自己购买这种奶粉后，他的销售业绩也大有起色。

### 3.始终保持一个积极向上的心态

有些推销员在与客户沟通之前，很可能会被一些问题困扰而忧心忡忡：担心完不成销售任务；担心遭到客户的百般拒绝，等等。但是，推销员越是对这些问题感到忧虑，在销售过程中就越是容易出现问题。因为，在你忧虑的同时，你往往也把自己的消极情绪传递给了客户。客户是不会对一个怀有消极情绪的销售人员推销的产品产生兴趣的。

因此，推销员应该积极培养自己的乐观心态。当你的心态变得积极时，客户自然会受到你的影响而愿意把你的产品往好的方向想，这样你的成交就会变得容易了。

## 自己是自己最严厉的老板

自我管理顾名思义又叫自律，它是个人行为上的一种自我约束与管理。对于每个销售人员来说，成功还是失败完全取决于自己，首先要学会管理自己，把自己的一切管好了，才能够有条不紊、全身心地为了自己的明天而工作。这样下去总有一天你把握住自己命运朝着好的方向发展。

因此，做好自我管理是一件非常重要的事情。

但是，因为做推销工作相对来说活动比较自由，也没有监督管理的人，因此一些缺乏自我约束能力的人就会变得懒散，工作没有计划，结果很可能让自己越来越散漫懈怠，导致事业上的失败。

艾德娜知道自我管理的重要性，她认为不管从事什么工作，要想获得成功，一方面要有足够的工作热情，另一方面必须严格要求自己，勤奋再勤奋。推销工作，特别是在开始阶段，当你还没被人接受的时候，你可能会经常受挫，你的精力和体力，以及你的心理承受能力都会不断地受到考验和打击。所以，如果没有足够的热情和活力，没有良好的心态和无所畏惧的勇气，你的工作便很难持续下去。

另外，艾德娜了解人的惰性，所以她从开始做推销工作起，就对自己提出了非常苛刻的要求。当别人对她说："你上班又不必打卡，何必每天早出晚归、风雨无阻呢？"她会这样回答："我有一个非常严厉的老板，就是我自己。"

艾德娜每天非常高效率地利用自己的时间：早上9点准时开始第一个拜访，一直到晚上10点才结束。一周5天，天天如此，雷打不动。

在工作时间，她从不接受朋友吃喝玩乐的邀请，她会告诉朋友，自己在工作。她也从不在拜访客户的途中去逛商店买东西，或者回家做家务。就连下雨天，她也宁肯自己刚刚洗干净的衣服被雨水淋湿，却绝不会专门撇下工作跑回家去收衣服。

一年冬天的某天，天空下起了一场少见的大雪。路上根本无法行车，在这样恶劣的天气下，艾德娜本可以放弃去拜访客户的计划。但她还是严格按照自己的计划行事，踏着雪步行去拜访客户。当她敲开客户的门时，客户惊讶之余感动万分："天哪！这种天气你还出来？"

艾德娜做到了严于律己，最终她也取得了出色的成绩，我们也应该像她那样严格要求自己，那么，我们在日常工作中怎么才能做到严格要求自己呢？

### 1. 集中全力

销售是一个极富挑战的行业，必须集中全力去做好。推销员要面对不同的环境、不同的客户，因此只有将私生活简单化，尽量减少一切对营销工作没有帮助的事务，树立营销的目标，按计划完成工作目标，才可能成为出色的推销员。

### 2. 定下适当目标

拼命工作而缺乏目标，一定浪费不少精力，而订立适当目标是激励推销员奋发的原动力，所以，推销员必须定下适当目标。

定下目标就不要让自己忘了，必须要设法随时提醒自己：可在床前或写字台上找个地方写下来以便每日提醒自己。有了目标，接着就要计划，有了精密的计划，就有了收获更大希望的可能。

### 3. 不断进取

当一个推销员不断刷新自己的纪录，不断向着真善美的人生前进时，他就是在进取。定下目标后，就要抛开自己贪图享受或偷懒的心，向目标努力前进。每一个人都有未尽情发挥的无比潜力，只要进取，必定会惊异自己竟有如此大的潜力。

### 4. 坚韧

工作起来就要有不达目的不罢休的坚韧性。推销人员须有不屈不挠的精神、远大的眼光，以应付销售工作的巨大心理压力。

### 5. 自信

推销人员的自信心不仅有助于自己在心理上应对销售工作中遇到的各种挫折及诱惑，也可以在接触客户时，取得客户的信任。

总之，推销员要想有所成就，就要严格管理自己，严格要求自己，这样才能保证自己朝着创造更多业绩的目标前进。

## 艾德娜·拉尔森销售心经

» 因为我信赖、喜爱雅芳的产品,所以才能销售好它。
» 如果推销员自己都信心不足,就会自然不自然地在客户面前有所流露,就会影响到客户的购买情绪。
» 我没有什么特别的秘诀,我家里除了雅芳的化妆品外没有其他任何化妆品。

PART8

"新加坡保险皇后"
陈明莉教你捕获客户的心

> 保险是一份"心"的事业，只要你有心要做，准客户是无时无处不存在的。
>
> ——陈明莉

作为世界华人最优秀的保险代理人，陈明莉这个名字代表了成功。她从影视演员到保险皇后，从负债累累到积累了亿万财富，从陌生拜访到拥有万余客户，从"借衣公主"到"十杰女性"，从数百个第一到终身会员……凭着远大的志向、坚忍不拔的毅力和过人的智慧，陈明莉克服了前进道路上的重重障碍，从星光璀璨的演艺生涯、雍容华贵的太太到保险代理人，最终闯出了一片属于自己的辉煌天地。

## 用你的心和行动去赢得客户

推销人员只有与客户建立一定深层次的信任感，才能顺利地把产品推销出去。那么，推销员在工作中该怎样建立这种信任感呢？最佳答案是服务，以服务代替销售，这是一个很重要，也很具有实践意义的理念。实际上，为客户服务就是一个潜移默化的过程。你服务得好，人们就会将心比心地给予回报。

在推销保险的过程中，陈明莉总是真心实意地去关心和帮助客户，为客户的事情忙前忙后。客户病了，她去嘘寒问暖，帮着找大夫，甚至陪着客户去医院就诊；客户的手表坏了，她会帮着拿去修理；客户的家电坏了，她帮着联系维修商……

有一次，陈明莉有一位客户的母亲得了重病，需要动手术，主刀的是李医生。因为客户当时还在国外出差，不能马上返回来，因此心急如焚。陈明莉通过电话从客户那里了解到这一情况后，当即决定由自己来照顾客户的母亲。

手术过程长达10个小时，术后客户的母亲又在加护病房住了一个月，其间曾发生过两次生命危险，幸亏李医生抢救及时，再加上陈明莉无微不至的照顾，最后化险为夷。

在这一个月里，陈明莉每天都利用上班前或下班后的时间一天两次去看护病人，从不间断。她对客户母亲的照顾是那样的无微不至，以至于连李医生都误以为陈明莉是病人的女儿。

"你这个女儿可真孝顺啊！"一天，李医生来查房，正好碰到陈明莉在照顾客户的母亲，于是这样对病人夸赞道。

"她不是我的母亲，是我客户的母亲！"陈明莉笑着解释说。听到这里，李医生感觉有些不可思议。

这位客户出差回来后，没等陈明莉提及保险的事，就把自己公司50多名职工的保险事宜交给她全权代理。

不久，李医生又在另一家医院看到陈明莉在看护另一个病人，这才不再把她当作病人的家属，而是直接打招呼：“你又带客户来看病？”

"是啊！"

"明莉，我想要跟你谈谈我小孩的教育保险问题。"

"真的？谢谢您！"

最后，李医生为自己的小孩买了教育保险，也为自己和太太买了保险。

可见，一个销售人员如果学会了用心去关心自己的客户，学会对客户付出无私的帮助,他的生意也就顺其自然地有了;反之,一个没有爱心,不懂得关心他人的推销员,总会错过成功推销的机会。

齐格勒刚搬家后不久的一天傍晚,他不满4岁的儿子汤姆突然失踪了。全家人分头去寻找,找遍了大街小巷,依然毫无结果。后来,他们又给警察局打了电话,几分钟后,警察也配合他们一起寻找。

齐格勒开着车到商店去寻找,所到之处,他不断地打开车窗呼唤汤姆的名字。附近的人们注意到他的这种行动,也纷纷加入进来。

为了看汤姆是否已经回家,齐格勒不得不多次赶回家去。有一次回家看时,突然遇到地区警备公司的人。齐格勒恳求说:"我儿子失踪了,能否请您和我一起去找找看?"此时却发生了完全难以令人置信的事情——那个人不知为什么,竟然做起了巡回服务推销表演!

尽管齐格勒气得目瞪口呆,但那个人还是照旧表演。几秒钟后,齐格勒总算打断了那人的话,他怒不可遏地对那人说:"你如果给我找到儿子,我就会和你谈巡回服务的问题了。"

汤姆终于被找到了。倘若那个人当时能主动帮助齐格勒寻找孩子,20分钟后,他就能够得到销售史上最容易得到的交易了。

所以,我们推销员也应该像陈明莉学习,自己能够伸出手帮忙的话,就尽力去帮助客户,你的诚信和无私的精神,定然会给自己带来好人气,也定然会得到他人无私的帮助,对方购买你的产品或者积极给你联系更多的客户的。如果遇到有帮助客户的机会,千万不要错过良机,立即用你的心和行动去赢得客户吧!

## 一杯白开水传递的关怀

有很多推销员也明白要为客户着想,站在客户的立场上思考问题，时刻去注意关心客户。但是，他们在工作中总是不知道该什么时候去帮助客户，该怎样关心客户。

其实，关心客户的地方有很多，并非需要刻意地寻找，否则，被客户发现会觉得你做作。只要你有心，任何细微的言行都能传达你对客户的关心。

陈明莉是个非常有心也非常细心的人，即便是一杯白开水也能传递出她的关怀与用心良苦。

陈明莉在刚刚从事保险行业时，去拜访客户的时候，客户总会请她喝杯咖啡或含糖饮料，时间长了，她意识到无论是自己还是客户都最好不要喝这么多甜的东西，很影响身体健康的。

所以，在以后的推销过程中，当客户表示要请她喝杯咖啡的时候，她就会主动告诉客户她要喝白开水。这时候，客户都会感觉有些不解。

"那么多饮料你不喝，为什么偏偏要喝白开水呢？"

"我一天要去七八家公司，一天喝七八杯有糖的饮料，不得糖尿病才怪！"她都这样笑着回答客户。

"对啊！这些病真让人头痛！"客户往往也会表示深有同感。

这时候，她就会抓住时机说："所以，现在我们公司的重病保单很畅销。"陈明莉这时就顺水推舟地把重病索赔的数据放在客户面前。客户在意识到健康的重要之余，也对重病保险有了更深刻的印象。

每当她临走时，她会不忘对客户提醒一声，要少喝这些饮料，多喝些白开水。通过一杯白开水，她成交了很多重病保单，也不知不觉地让很多客户改变了喝饮料的习惯。

随时随处推销员都可以体现对客户关心，只要推销员用心，有一颗时刻准备帮助他人的心，就一定能发现，莫要以善小而不为，小小的帮助更让客户印象深刻。

有位推销员拜访客户时，正逢天空乌云密布，眼看着暴风雨就要来临了。突然他看见被访者的邻居有床棉被晒在外面，女主人却忘了出来收。他便大声喊道："要下雨啦，快把棉被收起来呀！"他的这句话对家女主人无疑是一种至上的服务，这位女主人非常感激他，而他要拜访的客户也因此十分热情地接待了他。

随时关心他人的人是很容易得到客户信任的，也很难让客户拒绝的，一旦你与客户之间建立了亲密的关系。客户往往会看在你的份儿上，考虑购买你的产品。

推销员必须是充满爱心的人，你要爱你的产品、爱你的客户，当客户感受到你的细心和真诚的时候，你会得到客户的回报，推销的过程就会顺畅无比。对客户和周围事情冷漠、无动于衷的人，是当不了推销员的。

总之，只要你努力把生命中每个人都当成自己最有价值的客户去对待，把你的真诚关爱传递给每一个人，他们就有可能成为你最有价值的客户。

## 为客户设计最适合的产品

推销员每天都会遇到不同的客户，这些客户可能有不一样的经历，不一样的学历，不一样的文化修养，不一样的生活习惯，不一样的兴趣爱好……世界上没有哪两个人是完全相同的，也正因为如此，推销员如果真正关心客户，他推销的产品就要因人而异，根据他的身份和需求来做推销，随着客户的年龄、经济能力和社会大环境的改变而作改变，真心帮助客户找到真正适合他们的产品，这样才可能推销成功。

有一次，一位老先生介绍他的儿子给陈明莉认识，他的儿子是位大企业家，老先生便建议陈明莉规划金额比较多的保险，他说："我儿子是一个成功的生意人，他平常就看惯了大数目，如果你给他看小数目，他一定没时间，也不感兴趣去看。"

于是，陈明莉便帮他规划了100万新加坡元的储蓄保单，每年的保费大约75 000新加坡元。

当他的儿子看到计划书时，便忍不住开口问道："陈明莉，这是什么样的保单啊？怎么会这么贵啊？"

"您的身价这么高，如果规划得少，怕有失您的身份，而且，您开的都是最好的车，保险也应该买最好的……而这张保单就是我们公司最好的保单！"陈明莉笑眯眯地回答道。

"……"闻听此言，这位先生陷入了考虑之中。

见到他有点举棋不定，陈明莉赶紧帮对方打消疑虑："其实，您的钱这么多，根本不需要保险。不过，您就把它当作储蓄看待吧，等于是转一个户头罢了。而且，存在我们公司比存在银行的利息还多，还能有一个保障，何乐而不为呢？"

"也是啊。既然这样，那……好吧！"他果真点头买下了这份保单。

这也体现了陈明莉的用心，针对不同的客户推销不同的产品，并且切身为客户着想。有很多推销员都是不辞辛苦地专心向每名客户推荐最适合他们的产品，赢得了客户，也取得了良好的销售业绩。

我们推销员在日常生活中也应该多注意积累、多用心观察，真心帮助客户推销适合他们的产品。否则，你把不适合的产品推销给客户，即便客户购买了，但因为产品不适合，客户会产生被骗的感觉，你与该客户也就是一锤子买卖了。而想要让自己在推销行业做得更好，就去把适合的产品卖给适合的人，这样的话，你卖哪件产品都是成功，为什么不卖最适合对方的产品呢？这样你才能与其建立长期关系，你才会拥有更多的忠实客户。

### 陈明莉销售心经

» 我的服务理念就是做客户的朋友，在保险业以服务代替销售。
» 保险是一份"心"的事业，只要你有心要做，准客户是无时无处不存在的。
» 通过闲聊让客户介绍是最好的办法之一。如果能在拜访之中"顺便"认识准客户，机会将更大。

**PART9**

## "房地产销售大师"
## 里奇·波特教你用服务赢得客户

> 要赢得客户的信赖,就必须表现出值得信赖的行为。
>
> ——里奇·波特

里奇·波特,美国国家房地产营销协会终身会长,里奇·波特房地产公司董事长,国际房地产协会成员。伊利诺伊房地产经纪人协会曾授予他"公共关系奖",美国推销协会授予他"销售术奥斯卡奖",国家房地产协会授予他"五钻别针会员奖",国家房地产营销协会为表扬其优秀营销谋略为他颁过五项"一等奖",并多次表彰过他。

## 以提供最满意的服务为宗旨

在创业初期,里奇·波特就把为客户提供最满意的服务作为自己的宗旨。

他经常会告诫自己手下的员工:"我们所做的每一件事都是为客户服务的,服务是我们业务活动的主题。我们所推销的商品和别的商品不同,我们推销的是住宅。客户凭什么买我们的房子,他买的是我们的服务,如果我们不能为客户提供一流的服务,对方大可以走几步路到其他的房地产商那里买。所以,我们一定要提供给比别人多得多的优质服务,让客户为自己曾有过与别人合作的念头而感到内疚。"

里奇·波特不仅这样说的,他在工作中也是这样做的,他力求把优质服务融入到工作的每一个细节中。比如，他在与客户谈论住房的时候，从来不用"房子"这个词，而是用"家"，因为"家"在英语中是除了"母亲"之外最令人感到温馨的词汇。从他与客户甚至伙伴们的谈话中，很难听到"我"字，他经常使用"我们"，让客户或谈话的人始终觉得他们站在同一个立场上，是"一伙人"。

里奇·波特的办公室也不同于其他人的办公室。里面没有那种常见的给人以冰冷感觉的金属办公用具，而是充满温馨的家庭式的布置，在茶几上放着鲜花和一些时尚的家居装饰杂志。等到冬天的时候，他会把办公室的壁炉烧热，让人从外面一进来就感到暖意融融。所有这一切都能让客户在一进入其办公室时立刻感觉到温暖、友善和家一般的气氛。

在带客户看房的时候，里奇·波特从来都会不把车停在房子门前，而是开到街角就停下。因为他认为如果把车停在房子门口会破坏房子的整体效果，影响客户的视角。

在与客户见面时，他手里总是会拿着一个小本子，那上面除了记录着基本的客户资料外，还特别记录着客户的兴趣爱好，甚至他们宠物的名字都被记录在册。里奇·波特认为如果你能够在刚刚认识的人面前准确地叫出对方家里宠物的名字，会让对方非常高兴的。这样，你就会给客户留下一个友善的印象，客户就会对你产生信任。

正是里奇·波特能够做到如此周到、细心的服务，让他留住了很多客户的脚步。

在为客户服务方面，里奇·波特还得到了他的一名员工的"真传"。这名员工名叫琼·霍夫曼，是一位非常优秀的女推销员，她以优质的服务征服客户而在公司闻名。

她不仅在客户买房的时候为他们服务，而且在交易达成之后要继续为他们提供优质的服务。

比如，在客户买完房子之后，她总是不忘询问供水的情况，如果以前的房主把水管拆走了，她还要退一部分钱给客户，并帮助没有电话的房屋安电话。

她对自己销售的房屋所在社区了如指掌，甚至能够准确地说出社区附近小学教师的姓名以及到该市区的车票价格。

不仅如此，每当客户搬进新居时她都会送给他们一份礼物，并邀请他们到自己家里吃晚饭。她还通过各种渠道让新住户很快地融入到社区中，安排他们参加各种俱乐部，并了解他们的爱好、信仰等。有时候，甚至连做了一些好吃的都要拿去与客户分享。正因为如此处处周到的服务，让她赢得了客户的信赖，把她当作推心置腹的好朋友。

正是里奇·波特和琼·霍夫曼这样周到得让人受宠若惊的服务，为他们赢得了良好的销售业绩，也让他们的事业越来越红火。

如今社会，是一个买方市场为主的时代，想要在竞争激烈的市场中占有一席之地，就要想办法培养出自己的优势，而"服务"就是一块金字招牌，与其整日疲于应付工作流程，还不如潜心琢磨，用优质的服务来为自己赢得广大客户。

因为决定客户购买产品的因素，一方面是你产品的质量，另一方面就是你的服务。没有哪种产品会远远超过竞争对手的，如果我们不能为客户提供一流的服务，就不会赢得大量的客户，卖方很多，他们大可以去寻找下一家。所以，我们只有提供比别人多得多的优质服务，才能让我们的产品在同类产品中脱颖而出。

## 要令买卖双方都满意

作为推销员，光与买主建立起良好的关系是远远不够的，从专业的角度讲，推销员要与买卖双方都建立起良好的合作关系。也就是说，推销员必须在买主和卖主之间建立沟通的桥梁，必须充分了解这两者的真实愿望，然后，想办法尽量兼顾两者的利益，使生意取得三赢的局面，卖者卖得舒心，买者买得顺心，推销员也做得开心。

很多客户都认为，房屋销售代理商是和卖主站在同一战线上的，都希望把房子的价格卖得越高越好，其实不然。因为推销员在推销过程中会发现对房子各方面情况都很满意的客户非常少，所以，推销员必须实事求是地说服卖主给出一个合理的价位。否则，价格定得太高，就很难达成交易，而推销员忙了半天，却白忙活了一场，自己成了最终的受害者。如此长期下去，推销员的业绩就很难跟得上。

另外，卖主的定价一般都会定得比较高，因为人们都不会觉得自己的东西有什么不好，就像没有哪个母亲认为自己的孩子不好看一样。由于房子定价太高，所以这些房子经常是在中介公司挂牌许久却无法成交，其实，这也给了卖主一定的压力。

优秀的推销员能够全面分析卖主与买主的心理需求，会协调双方尽快达成交易，自己也尽快进行下一个交易。

里奇·波特在做销售中发现了这个问题，他采用了比较的方法有效地规避了这种情况的发生，他会把一个地区条件都差不多的房子归为一类，然后把卖主和推销员都叫来，大家一起根据时下周边房屋的价位来给房子定一个比较客观、尽可能反映实际价值的定价，然后再分别列出它的各种优缺点，最后在房屋出售的标牌上除了写上参考价位外，还会把一一列出的房屋的优点和缺点也张贴出去。比如，"南北走向，采光比较好，但是离公路稍近，有一定噪声影响"等。这样，卖主就知道自己房子的大致价位，心中有了一个可以接受的心理价位底线。

在给房子定下一个合理的价格之后，并不意味着与卖主的关系就中止了，与卖主保持联系也是里奇·波特工作的一个特点。因为不是每一座房子都能在上市的当天就卖出去，所以一个优秀的推销员要经常与卖主联系，告诉他们房屋销售的情况。

里奇·波特绝不允许在他的公司中出现有卖主上门询问房屋销售情况的事情。他会及时与卖主进行沟通，把与房子有关的一切事情都主动地告诉卖主。比如，拟定的新的广告词、有什么样的人来看房子、他们的职业是什么等。如果不与卖主保持联系，会让卖主以为他们还有大量的积压房子没有卖出去，这样会给公司的形象带去严重的负面影响，以后就没有人愿意把房子交给他的公司出售了。

而对于买者的一方，里奇·波特会把房屋的优缺点说一下，然后再介绍价位，通过一定的销售技巧以及周到的服务留住客户，如此与买卖双方都进行良好的沟通，兼顾了买卖双方的利益。而里奇·波特公司在合同售房期限内的成交量达到了96%，而全国的平均水平是50%~60%。他们也从中收获了很多。

不要只考虑自己的利益，成交结果受很多因素的印象，只有把各方面的利益关系都考虑清楚，并进行恰当的协调才能保证成交的完成，才能让自己有所收获。如果协调不到位，往往既浪费自己的精力，也有损他人对自己的印象。所以，推销员一定要有全面看问题的眼光，不要只盯着自己的那点儿利益不放，每次自己获得收益少一些，成交的次数多了，自己还是赚钱的。

## 真正的销售始于售后

在销售行业中流传着这样的一句话：“真正的销售始于售后。”虽说销售的目的就是要把产品卖出去，只有拥有客户才能把产品卖出去，并且客户越多你卖出产品的机会也就越多。但事实上，有些推销员经过几年的推销经历后，销售总量依然没有大的起色，究其原因，很多是因为他们没有留心去扩大自己的客户量，没有注意和自己的老客户保持联系。

这是很多推销员都容易忽视的问题，很多销售员都认为把产品卖出去就行了，这是典型的一锤子买卖思想。这些人在工作上虽然也很努力，但他们往往很努力地去寻找新客户，却忘记了老客户，结果有了新客户，老客户又丢失了。在他们的销售名单中，永远都在更换客户名字，老客户名字被新客户取代，其实，这是得不偿失的，因为维护一个老客户比开发一个新客户要容易得多，而且老客户还会为你带来新客户。

所以，里奇·波特告诫我们，失败的推销员常常是从找到新客户来取代老客户的角度考虑问题，成功的推销员则是从保持现有客户并且扩充新客户，让自己的客户越来越多，销售业绩越来越好的角度考虑问题的。没有老客户做稳固的基础，对新客户的销售也只能是对所失去的老客户的补偿，总的销售量不会增加。

所以，对于每一位推销员来说，在推销时，不仅要做成生意，还要和客户建立长久稳固的友好关系。在成交之后，让客户的大门在未来依然对自己敞开着。只有确保了老客户，才能使自己的生意有稳固的基础。但是能否确保老客户，则取决于推销员在成交后的行为。

里奇·波特曾经说过，售后你要不时地询问客户，问客户产品的使用效果，问客户还需要什么服务，问客户是否满意自己的产品，这样客户才会认为你真正地在关注他，那么他也会在下次购买产品时首先想到你。

确实，客户是需要你关注的，因为客户和我们每一个人一样，都希望获得他人关注。而作为一名优秀的推销员，你就应该懂得客户心理，多去关注客户。你关注客户，客户也不会忘记你。

在售后你不时地去"问"客户，保持与客户定期联系，这是推销员得到客户重复购买产品的最好方法。

你可以在产品发货后，向客户询问是否收到货物以及产品是否正常使用；如果产品的用途或价格出现变化时，及时通知客户；你还可以不断地向客户介绍一些技术方面的最新发展资料；在节假日，邀请客户参加一些娱乐活动等。这些虽属区区小事，却有助于推销员与客户建立长期关系。

其实，客户购买的不仅仅是产品，还有你的服务。在客户购买产品之前，你要提供给客户一种满意的服务；在你卖给客户产品之后，你还得继续为客户服务。你不断询问客户，就是在不断关注对方，就是对对方的重视，这时，你们之间就很容易建立融洽的关系，即便产品有什么小瑕疵，也不会影响客户对你的良好印象。

### 里奇·波特销售心经

» 我们所做的每一件事都是为客户服务的，服务是我们业务活动的主题。

» 我学到一个首要原则，就是站在客户立场设想。

» 要保持冷静或不说太多话并不容易，尤其是在客户明明有错时更难。无论如何，你必须控制自己。

PART10

"东方销售女神"
柴田和子教你进行灵活销售

放爱心在保险事业里，走出一条宽广的阳光大道。

——柴田和子

1970年3月，32岁的柴田和子以一位家庭主妇的身份进入日本著名保险公司——"第一生命株式会社"新宿分社，开始了她充满传奇色彩的保险推销生涯，创造了一项又一项辉煌的保险销售业绩。

1978年，柴田和子首次登上"日本第一"的宝座，此后一直蝉联了16年的日本保险销售冠军，荣登"日本保险女王"的宝座。

1988年，她创造了世界寿险销售第一的业绩，并因此而荣登吉尼斯世界纪录。此后逐年刷新纪录，至今无人打破。

## 依靠情感力量打动客户

为什么有些销售员很能说服客户，而为什么有些销售员就是说服不了客户呢？其实，能够说服客户的销售员就是一些善于使用说话技巧的人，他们会在与客户交流后，让其心甘情愿、心悦诚服地签下订单。

真正的销售高手都是一些极能说服客户的人，原一平、乔·吉拉德……每一个人都在嘴皮子上很有功夫，因此他们都获得了成功。

他们的成功不是偶然的，怎样的开场白、怎样的结尾、怎样的电话联系……这些说话技巧都是他们千锤百炼,经历无数次销售实战中揣摩出来的,这使他们在不同语境,与不同的客户交流中可以自由变换不同的说话方式。

除了运用好说话技巧以外,柴田和子能够成为"东方销售女神"还依靠一个更为有力的武器,那就是情感的力量。

例如,在向客户介绍产品的时候,用一些寓意深刻的小故事,更容易打动客户的心。所以,柴田和子就通过讲感人至深的故事抓住客户的心,近而使签单成功。

柴田和子在给一对已经为人父母的客户推销保险的时候,给他们讲了一个感人的故事。

有一天,一对中年夫妇带着17岁和11岁的儿子,一家4口到郊区游玩。途中经过一处风景优美的地方,他们停下来准备拍照留念。家人都是从左手边的门下车的,只有开车的爸爸因为坐在驾驶座上,所以,打开右边的车门准备下车。正要下车的一刹那,后面一辆高速驾驶的摩托车把他撞倒了,腿部受了重伤,导致大量出血,伤者马上被送往医院急救。

本来一家人其乐融融地去游玩,结果竟然发生了这样的意外,真是让全家人感到悲伤。

被送往医院急救的爸爸需要马上输血,但符合血型的只有11岁的男孩次郎。

"为了救你的父亲,可以抽取你的血吗?"次郎思索了一下,点了点头,说:"可以。"

爸爸的生命已经没有危险了,旁人听到这件事情都非常感动,对他说:"次郎,你真了不起。你想要点什么作为奖励?"刚献完血的次郎一脸苍白,静静地坐在房间的角落里。

"我什么都不要。"

"为什么呢？次郎，你救了爸爸，这是一件多么了不起的事情啊，不管你提出什么要求，我们都会满足你的。"

次郎想了想，说："我真高兴能救了爸爸，但我还有几分钟会死呢？"

原来这个小男孩误会了，他以为自己输了血救爸爸，就会牺牲掉自己的小生命。在这种情形下，他还毅然献出他的生命。

当故事讲到这里，关键的转折就出现了。这个时候，柴田和子转过来问客户："但是为人父母的你们，能为孩子做些什么呢？钱是买不到爱的，但你们可以在金钱里融入你们的爱，这就是保险。"短短的几句话，这个故事的精髓与力量淋漓尽致地展现了出来。

与之相似的，柴田和子还有一套"爱的表达"。柴田和子经常说，保险是爱和责任，是人类创造出来的"有效减轻人生悲剧"的工具。所以她经常用这种"爱的表达"去打动自己的客户，而每次她都能取得不错的结果。

一次，柴田和子去拜访一位中年客户，当她告知客户自己的来意后，被客户当场拒绝了。

客户说："我很健康，我不需要买什么保险。"

柴田和子："现在的您是很健康，但是30年后的您是否还健康呢？或者万一您在未来的某天出了什么不可预测的事情，您的妻子和儿子又去依靠谁呢？您应该这样想，您现在为自己买保险，就是在为您妻子和孩子的将来买保险，您万一出了什么事，还有保险啊，您的妻子和小孩还能凭借这种保险金生活得很好。要是您不买保险的话，一旦您出了什么事情，那么，您的妻子和小孩就从此失去了依靠，他们的生活将会陷入困境。这样说来，您买保险也就是对您妻子和小孩的爱。

"其实，人的一生中，每个人都在为两个'我'工作，'健康的我为'有病'的我工作，'年轻'的我为'年老'的我工作，'得意'的我为'失意'的我工作。而我们每个人都生活在变化中，我们的生活随时可能会发生变化，比如年老、疾病、意外、残疾。一旦发生了变故，我们需要一笔急用的钱。所以，再有钱的人也不会花光自己所有的钱，再穷的人也会想方设法给自己留下一笔钱。您不管买不买保险，您都应该拥有'保险'。"在柴田和子的这种满含关爱的语言的进攻下，客户感觉到了自己的责任重大，于是，他决定购买保险。

这两种方法都是依靠情感力量打动对方，让对方意识到自己的责任与爱。购买产品就是一种美好的爱的表达，而如果客户不购买产品，客户心中就会产生一种愧疚心理。一种对亲人爱的力量不断催促他去购买产品，去表达自己的爱。而这样推销员也就把产品顺利地卖出去了。

我们推销员不妨在日常工作中多积累一些能够感动自己的小故事，以便自己能够针对不同的人，用爱的力量打动对方。

当然，我们不仅要讲故事，还要用"爱的表达"对客户展开攻势，晓之以理，动之以情，让对方心甘情愿地购买产品。

## 让客户感受到诚意

俗话说，天有不测风云，人有旦夕祸福。在人的一生中，总会遇到各种各样或大或小的一些风险，没有人知道自己明天会遇到什么事情，这些事情很有可能就会像一路绿灯的车突然碰上了红灯一样，这个时候你必须要急刹车。开车遇到红灯，只是暂时地停留一段时间，一旦人的身体出现红灯，那就不仅仅是对自己的人生，还会对自己的家庭产生重大的影响。而正是根据人生的不确定性，柴田和子总结出来了一套说话技巧。

柴田和子通过红灯举例，让客户明白人生时刻都在经历风险，而这些风险是不会随我们的意志而改变的，我们不能阻止它发生。并且，既然是风险，就必然会带来损失，如果我们不能阻止它发生的话，那么我们就要学会去把损失降到最低。能够把这种损失降低的最好方式就是购买保险。而人生的不确定是每个人都很明白的，但人们都在忙忙碌碌地生活着，很少去仔细思考这些问题。当推销员点出这一点后，客户会很认可这种说法，进而对推销员产生好感和信任，最后再说出产品，就很容易说服客户，让其心悦诚服地签下保单了。

所以，柴田和子便经常使用这套说话技巧。

一个星期六，柴田和子去拜访一位客户，这位先生是汽车销售公司的部门经理本田一郎。

因为自己拿着高额的薪水，家里只有一个孩子，他的薪水足够一家人生活，并且还能每年出去旅游。所以他认为自己条件已经很优厚，从来就没有想过要给自己和家人买寿险，甚至觉得购买保险是一种杞人忧天的懦夫行为。

柴田和子从其他客户那里得到了这位经理的资料，于是，她打算去会一会这位从来不买寿险的经理，并让他去购买自己公司的保险。

一天，本田一郎刚进办公室，就见柴田和子正微笑着等着他，她热情地向他打招呼："您好，我是第一生命的柴田和子，很高兴能够认识您。"

"你是来说服我买寿险的吧？对不起，我从来不对寿险感兴趣。"本田一郎没好气地说。

"您确定您不需要任何保险吗？"

"是的，不需要，我有我的薪水就已经足够了。"

"是的，先生，您现在的确拥有丰厚的薪水，您每个月会去银行存多少钱呢？"

这句话却把本田一郎给问倒了，因为本田一郎虽然每个月都能领到高额的薪水，但是他也是出了名的月光族，从来没有去银行存过钱。

看到本田一郎默不作声，柴田和子知道自己的话起作用了，于是趁热打铁问道："先生，您是从事汽车工作的，一定熟悉交通情况吧，那么请教您一个问题，您开车上班或兜风，是不是一路都是绿灯？"

"这个可不一定，有时难免会遇到红灯。"

"遇到红灯，如果遇到红灯，您会做什么？"

"停下来等待绿灯亮啊。"本田一郎说，他眼中充满了迷惑不解。

柴田和子顺势说道："对呀，人的一生有高峰，也有低谷，有时绿灯，有时红灯。所以您也需要稍微停留一下脚步，重新认真思考一下自己的人生。您说对吗？"

柴田和子继续说道："人其实是很脆弱的，无法预测或左右得了随时可能发生的风险。对于财产险来说，发生了事故，还可以'亡羊补牢，为时未晚'，但对于每个人来说，生命只有一次，如果一个三口之家，夫妻之中有一个遇到死亡、伤残或严重疾病的风险时，就会在经济上给对家庭带去沉重的负担，而通过保险可以得到一笔较可观的经济补偿，可缓解家庭当时的经济压力。"

这位经理频频点头，柴田和子继续说道："中国有句俗话，人生不如意事十之八九，这些不如意的事就是我们人生中的一个个红灯。如果您解决不了这些红灯，也许您的晚年生活就不会像现在这样悠闲了。相反,您的生活将会变得一团糟,使您的整个后半生都没有着落。

"您投不投保对我没什么关系,但是能否挑选一位有能力的寿险推销员来为您规划晚年生活,让您用现在的钱来购买晚年的平安与幸福呢?想想看,要是您工作了大半辈子,但最后却因为这些红灯使得自己的晚年生活过得很凄惨,您说这样划算吗?如果再严重一些,您的妻儿那时候该去依靠谁呢?所以现在您有能力,您买保险就是一份保障,以减少一份风险所带来的损失。"

在柴田和子的话语攻势下,本田一郎终于被打动了,于是为自己和全家投了巨额的保险。

之所以柴田和子取得了成功,是因为她让客户感觉到了她的诚意。只有准客户感受到你的诚意并且确实有购买寿险的需要时,他们才会认同你的保险,从而购买保险。作为顶尖寿险业推销员,就要站在客户的立场为他们考虑,这样才能攻无不克。

柴田和子的说话技巧,也告诉了我们,身为推销人员,你只要把客户生活中的这种出现"红灯"的可能性结合到自己的话语中来,那么,你的话语就会带来更大的影响力,进而为你的销售打下成功的基础。

## 善于"得寸进尺"

人们常说,做人不可得寸进尺,要懂得适可而止,要懂得满足。否则,终会被无尽的欲望给吞噬。但在销售中却没必要这样,伟大的推销员都是善于"得寸进尺"的。

那么,客户就一定会接受推销员得寸进尺的要求吗?心理学家认为，人们都希望在别人面前保持一个比较一致的形象，不希望别人把自己看作"喜怒无常"的人，因而在接受别人的要求之后，再拒绝别人就变得更加困难了。

如果这种要求给自己造成损失并不大的话，人们往往会有一种"反正都已经做了，再做一次又何妨"的心理，于是，客户就会再次接受推销员的请求了。

所以，优秀的推销员都非常明白，当客户同意接受较小请求之后，接下来客户往往更有可能接受较大的请求。

柴田和子正是把握住了客户这种心理，并经过自己的经验积累和总结练就了一套娴熟的"得寸进尺"的推销方法。她成交的保单，许多都是巨额的保单。因为她在合理地为客户设计保单的同时，会适时使用"得寸进尺"，说服客户保额加一成。

那么，柴田和子在推销保险的时候，是怎么说的呢？看看下边这个例子，我们就知道了。

有一位客户打算每月花2万日元支付人寿保险的保费。

这时柴田和子先帮客户计算，一边计算一边告诉客户："月缴2万日元，一年就是24万日元，但是如果改月缴为年缴，就可便宜一个月的保费。"

客户这时就会想：这样的话一年只需付22万日元，而不必付24万日元了。

在这个时候，如果是一名普通的推销员，他可能就说："那么就签年缴22万日元的契约吧！"也许，这名推销员还在为签下22万日元的保单高兴，但是柴田和子不满足这些。

她会继续告诉客户说："你既然有一年缴24万日元的打算，还不如把本来的3 000万日元的保额契约增加到3 500万日元。以年缴的话，也是一年付24万元。万一发生什么意外，您可以获得高达7 000万日元的理赔呢！这可要比3 000万日元的保额要多很多。"

然后她还不忘再加一句："这可是良心的建议哟！"

客户听了她说的话感觉有道理，也就自然把保额增加一点儿，反正每年交的都是24万日元，获益又更大，何乐而不为呢？

正是这样，客户保额增加了，推销员又多得了一些收益。当然，推销员还可以用得寸进尺的方法，让客户更快地决定购买产品。比如，当你想要推销给对方化妆品或者服装，可以不用直接向对方要求购买，而是先提出试用化妆品、试穿衣服的要求，等这些要求实现之后，才提出购买要求，这样一步步地让客户感受产品，让客户一步步地接受产品，最后成交就更容易了。

当然，还有一种得寸进尺是——把团单拿下还不忘拿下个单。

在柴田和子的销售生涯后期，主要是做企业的团体保险。众所周知，团体保险一做就是几十人甚至成百上千人，即使每个人的保额不大，但累积下来，数目也是很可观的。

而做团体保险，关键是说服企业的老总就可以搞定了。能做到老总这个位置的人，眼界总会比一般人要高一些，对保险的认识也会更清晰，所以说服工作往往比推销个单还容易。当柴田和子拿下大的团单时候，也不忘记顺手牵些个单。

有一家企业，一共有47位职员，但提出只能做每月交2万至7万日元的保险。如果是一般的推销员，最保险的做法就是设计5万日元的契约，这意味着最多只能做寥寥几位干部的保单。但柴田和子认为这件事情对公司有益，应该全力以赴。

于是，她首先积极游说企业的负责人，"干部保险必须一视同仁""公司对员工退职金的支出负有责任，要趁债务金额还没有急剧增加前稳定储蓄""现在不做好退职金准备，以后就麻烦了"。

然后又用折价来说服他们："按公司规定，20个人的混合团体险的保费要比只有5位干部的保险便宜一成。120万日元的一成，就意味着便宜12万日元，这对公司来说是非常有利的，因此务必请社长和总务长协助，让我加点油再找15位凑成20位。公司有47位员工，应该不成问题的。"

听柴田和子说可以给公司节约资金，公司主管觉得有利，就同意了柴田的计划。

团单终于签下，并且业绩如此之高，有人就会认为这下自己可以放轻松一下了，或者转战下一个团单推销目标了，他们根本就没有看到公司中的个单，因为那些个单实在数目小，不屑一顾。但柴田却不这样认为，团单签约后，她掌握了企业职工的名册，名册上记有全体员工的全部个人资料，据此，她为每个员工制作了个人保险规划建议书，然后再一个一个地追踪下去。

这些员工看到柴田和子如此卖力地为他们争取保险，再加上团保并没有给他们提供很充足的保障，所以很多员工都纷纷向柴田和子买保险。就这样，一个团单牵出了一长串个单。

如此下来，柴田和子才认为自己的工作已经做完了。也许有些推销员对多出那么一点点的保额不屑一顾，其实，这些小数目日积月累下去，也会变成一笔非常大的数目，都不可忽视。

所以，推销员在工作中应该养成"得寸进尺"的习惯，多争取一点点，就是多一点收益，这种习惯养成了，自己会收到意想不到的结果。

### ✓ 柴田和子销售心经

» 与不正确的人对话就是在浪费时间和金钱。

- 也许你不需要保险,但是你不能不需要银行。
- 只要心中有"三点"(每天比别人"多一点、高一点、大一点"),然后认真去做,很快就会成功。

PART11

"销售领袖"
弗兰克·贝特格教你应对拒绝

> 成功不是用你一生所取得的地位来衡量的，而是用你克服的障碍来衡量的。
>
> ——弗兰克·贝特格

弗兰克·贝特格，美国最成功、收入最高的推销员之一，他凭借自己辉煌的业绩成为了美国式成功者的典范。在整整 25 年的推销生涯中，弗兰克·贝特格创造了销售 4 万份人寿险的佳绩，几乎每天都有 5 份寿险签单入账。这种业绩对于一般的销售员来说，无异于天方夜谭，但是弗兰克·贝特格却真真实实地达到了这个数字。

## 巧妙应对客户的拒绝

这个客户喜欢草莓，那个客户则喜欢香草。当某人对你或你的推销反应消极时，可能他的想法错了。但谁能说他的消极想法会一直保持下去呢？弗兰克·贝特格说：“任何事情在没有做好之前都要努力去做。”我们应该积极地去解决掉客户的拒绝。

面对客户的拒绝，我们首先要了解客户拒绝的原因，然后再对症下药，便能扭转颓势，化拒绝为接纳。以下我们逐个分析客户拒绝的原因以及解决策略。

### 1. 出自习惯

大多数的人在推销员出现时，都会觉得受到干扰，感到自己的隐私受到侵犯，因此自然会采取防卫的态度，借故排斥与推托。久而久之，这种态度就变成习惯。每当推销员来访时，他会习惯性地马上武装自己，采取对抗的态势，提出拒绝。

这一类客户，不论你说什么，他都会反对。这时最好的对策就是反问他："为什么？"这样对方就会说出心中的真实想法。例如，对方说："你们公司不可靠。"你可以说："我们公司的信誉一向良好，请您告诉我敝公司哪些地方不可靠呢？"

**2. 不愉快的被推销经验**

有些客户只要有过一次不愉快的被推销经历，就会把这笔账算在所有推销员的头上，因此会对来访的推销员一概拒绝。

但不管怎样，推销员都千万不要和客户争辩，不能冒犯客户。如果和客户吵翻了，即使你获得了争吵的胜利，但你仍是个失败者，一句推销行话是："占争论的便宜越多，吃销售的亏越大。"

对讨厌推销员的这一类客户，应当用"是的……但是"的应付技巧，设法改变他固有的印象。

例如，对方说："推销员胡说八道，都不是东西。"你可以说："是的，有些推销员真不是东西，但是我例外啊！"或者"是的，我不是东西，我是人啊！"

**3. 抗拒改变**

大部分的人拒绝改变，安于现状。因为改变必然会破坏现状，威胁到他们既有的安定或是既得利益。当有人来推销产品时，倘若他接受的话，就意味着必须改变已经习惯的购买方式。为了维持现状，最简便的反应就是拒绝推销。请注意，这种客户并非拒绝推销员或推销员所推销的产品，他只是抗拒改变罢了。

要客户改变是一件相当困难的事。这时，推销员一方面应有心理准备：对方是在拒绝改变，并非拒绝你；另一方面，得尽力让对方了解改变后的好处。然而，对抗拒改变的客户，短期内收不到效果，必须经长期努力，运用"缠"功，才有可能感动对方。

**4. 不了解产品的好处**

客户在不了解产品的好处之前，最直接与最正常的反应就是拒绝推销。

对这一类的客户，最好的方法就是，使用实演证明的技巧让对方了解产品的好处。

日本有一个铸砂厂的推销员，访问客户四个月之后，才获得五分钟的约见。和客户见面时他一言不发，把两袋砂倒在报纸上，客户所使用的砂，砂尘飞扬，而他推销的砂未见砂尘。

这个推销员运用实演证明让对方看到产品的好处，立刻取得了订单。

除此之外，推销员也应该预先做好准备，"不打无准备之仗"，这是推销员战胜客户拒绝应遵循的一个基本原则。推销员必须事先充分而准确地了解自己的产品、交易条件及企业的销售政策，特别是对产品的性能、优缺点、使用和保养方法等内容也要了如指掌。试想，一个对自己的产品都含糊不清的推销员，如何能使客户信赖，如何能使客户购买呢？

另外推销员还要了解市场，掌握同类产品的行情和同行业竞争对手的情况，以及自己所推销产品的供求趋势等。这样客户才能被你吸引住。

**5. 没察觉潜在的需求**

许多客户会拒绝购买推销员的产品，主要因为他自己没有察觉有此需求，而那个需求就潜伏在客户的心中。举例来说，目前的主妇都一致认为他们并不需要洗碗机，用手洗就行了。有一天，主妇发现用洗碗机每天至少可省出一小时来做其他的事情时，需求就浮现出来了。

面对这一类的客户，推销员应事先对客户的性格、生活工作状况、需求特点等有所了解，并根据自己的实践经验，提出一些客户最可能提出的问题，设计回答这些问题，让其逐渐发现自己的真正需求。

然后，在商谈中，不断唤醒其需求，使对方察觉自己的需求。此外，举对方认识并尊重的人已购买的事实为例来提醒其需求，也是个好方法。

### 6.选错访问对象

有权、有钱、有需求这三者是客户的基本条件，当访问对象不具备这三要素时，就是找错人了。没有决定权的人，既无权买，也无权不买，这种人必然会拒绝你；没钱的人，即使对产品再中意，也买不起，他也会拒绝你；没有需求的人，纵使你说破了嘴，也是对牛弹琴，他更会拒绝你。

当推销员碰到无权、无钱、无需求的对象时，应设法结束这种无效的行动，赶紧安排访问其他的客户。

但是，对这样的客户，推销员不要看到买卖不成，就一走了之，甚至表现出不满或不屑等不礼貌的态度。要尊重客户的意见，客户的意见无论是对是错、是深刻还是幼稚，推销员都不能表现出轻视的样子。

在对方提出自己正当的理由，而推销员感觉的确是没有可能推销成功的时候，尊重客户的意见，说几句表示理解的话，会解除客户对你的戒备心理，并增加信任感。

经常和他们保持联系，也许不久的将来他们可能就需要你的产品，当他们想要购买的时候，一定首先想到你。

## 有异议不代表拒绝

推销员在推销工作中常常会遇到拒绝,但是,客户拒绝分为两种:一种是真实拒绝,另一种是虚假的拒绝。

真实的拒绝是客户不愿意购买的真正原因,比如:推销员所介绍的产品的确不符他们的需求,他们并不需要这些产品,或者他们确实没有支付能力等。

但虚假的拒绝一般是客户对推销员介绍的产品有需求,但是出于价格、信心等原因而没有下定决心购买。

当客户提出真实拒绝的时候,就意味着你提出的产品能够给客户带去的利益还不够充分,或者客户根本不感兴趣。这个时候,你首先要做的是加强对产品知识的掌握,多了解产品能为客户带来的利益,并积极洞察客户的消费心理。如果客户仍然不感兴趣或确实无力支付,你还是要与他保持联系,以维持你们长期和谐的关系。

当然,因为客户有权利以最优惠的价格获得最好的产品和最佳的服务,他们为了保证这种权利的唯一方法就是对推销提出质疑,他们采取的方式往往是对产品或服务的一个或几个推销特色表示异议或提出疑问。即使发现这笔交易总体上是可以接受的,买主们也总是会提出一些这样那样的疑问来核实买卖,所以,如果客户提出虚假的拒绝,提出一些疑问,则表明他们对产品是有兴趣的,对方越是对产品有疑问越能代表对方关注产品,推销员大可不必害怕异议。

请相信,当有人告诉你他不想买这种产品的原因时,他是在表达一种意愿,希望知道他应该买的理由。你应该欢迎这种类型的异议,因为他就是你的潜在客户,是真正看重问题的人。

如果你遇到这样的客户，你就要分析其中的真实原因，并采取相应的应对方法。通常虚假的拒绝一般会包括以下四种理由，下边我们逐一进行分析。

**1. 价格理由**

十本书分开放和叠在一起，哪个看起来多？当然分开放感觉上多，这是人的视觉印象。三个问题和一个问题，哪种想起来烦？当然是三个。三个问题心理上压力大，这是人的心理错觉。当客户说：

"我觉得保险不好。"

"理赔不干脆。"

"我没钱。"

问题不少，让推销员一头雾水，而客户本身也自以为："这么多问题存在，我不买保险是有道理的。"

有经验的推销员就会知道：其实，这些问题都不是关键，而是钱的问题。"您想吃饭，没钱就不吃吗？您想买房子，钱不够就不买吗？不是的，关键在您是不是觉得这东西对您很重要。如果重要，您就会设法筹钱，对不对？"

之后，你可以通过将你的产品及其所要求的投资放置在一个比购买或不购买更广泛的话题中来处理。比如可以谈论回报、投资、节省等事情，从而使这笔合同成为一个大画面的一部分，同时要强调其相对低廉的成本，让你的潜在客户去推论。因为事情往往是这样子的：潜在客户得出自己的结论，比你不得不为他们指出的结论要好上两倍。

推销员还可以在讲价格的时候，采取"化整为零法"，即在对客户讲解时，将付款总额拆散为较小的份额，这样就可以化解客户心理上的价格压力。

## 2. 隐藏理由

给出的理由不是真正的理由，而只是一个借口，例如："我太太一般都喜欢用A牌清洁用品。"

遇到这种情况，你可以用开放式的问题来发问，例如："您太太觉得A牌清洁用品都有哪些好处呢？"你可以进一步与客户探讨他的需求以及产品的价值，说明你销售的产品既能满足他的需求，又物有所值。

如果你是书籍推销员，遇到客户这样说："我家小孩根本不爱念书，买了也没用！"

推销员可以这样说："可是，做妈妈的都放弃的话，还有谁来关心孩子的作业呢？……那盆茉莉开得真漂亮，是您种的吧？"

客户："是啊！"

推销员："每天都要浇水吧！您对一盆花都那么爱惜关心，为何会对孩子的事不管呢？孩子也跟花一样，花需要浇水施肥才会开得漂亮，否则很快就枯死了。同样的，孩子也需要有人细心呵护，不断供予养分。如果因为孩子不爱念书就不买书给他，那孩子只会更不想念书，您说是吗？"

还有一个例子：

客户说："资质差再用功也没有用！"

推销员："李太太，您戴的金戒指款式真别致，黄金这种东西原本是以颗粒状藏在污黑的石头中的，相信您一定也听说过，必须先将石头打碎，将其中的金砂、金粒取出，再加以淬炼才能成为纯金。人脑中也藏有无数的金砂、金粒，就看是否有人愿意赐予一臂之力，加以淬炼成金，相信您一定希望自己的孩子成龙成凤，您愿意帮助他吗？"

经过这样一番交流，客户多数是会对产品产生些兴趣的。

### 3. 拖延理由

潜在客户想推迟购买，例如："产品还不错，等我方便的时候再联系你吧！"

如果客户用拖延的理由来拒绝你，你就不要再步步紧逼、死缠烂打了。但是，你还是要像朋友一样地与之保持联系。因为客户现在不买，不等于以后都不向你购买，保留了与客户的关系就等于保留了今后向客户销售的机会。

### 4. 信心理由

客户说："我想比较一下。""我想同我的会计商量一下。""让我想一想。"

这些是信心理由，话中代表的深层含义是：好的，我动心了，我想要一个，但我需要确信一下我买的是否是最合适的，我要再考虑一下。这表明客户还有些担心，还需要更多的说服工作。

客户不愿意购买的绝大多数理由是信心理由，即客户对你的承诺或对产品本身都没有信心，或对你的讲解表示怀疑，或不喜欢你的仪容仪表、言谈举止和行为方式等。

当客户对你的承诺以及对产品本身都缺乏信心的时候，你首先应该向客户说明你所服务的公司的信誉度良好，购买该公司的产品会有购物保障。

注意，在和客户讲解产品的时候要注意态度诚恳、实事求是，不夸大产品的功效，以取得客户的信赖。此外，还要注意建立自己的专业形象，尊重客户的选择，不要把客户不需要的产品强加给对方，这样才能取得客户对你的信任和好感，让客户在无形中接受产品。

成功的推销员在推销过程中，很少会听到客户的异议，因为他们早已经在推销前就预见到了客户可能存在的疑问，所以，他们能在和客户交流中，主动把种种客户的疑问解释掉、化解掉，并始终保持毅力和积极的心态，积极应对各种障碍，顺利实现目标。

推销员在工作中要注意识别对方是真实的拒绝还是虚假的拒绝，不放过任何一次虚假的拒绝，坚持不懈，化解客户疑问，成功推销。

## 找个"证人"和客户交流

在推销行业中，"证人"是指与客户有着共同目标、共同利益、共同立场的人，举个例子来说，当我们准备去购买一件产品，正犹豫不决的时候，听到朋友给自己介绍他买过的某牌子的产品，这个时候，你会对这款牌子产生很好的印象，就很可能也购买这款牌子的产品。而在这个过程中，你的朋友就是"证人"的角色。

同理，推销员也可以给自己找个"证人"，让他们帮你说服客户，客户就不会再担心自己听了推销员的片面之词，受到了推销员的忽悠和欺骗，这样你就更容易赢得客户信任。

只有赢得客户的信任，你才能源源不断地得到客户；只有保证客户对你的信任，你才能稳住你的老客户。利用"证人"推销，可以非常快捷而又有效地获得客户的信赖，节省非常多的精力，更是与竞争对手争夺客户的最好办法。

经过多年的推销工作后，贝特格已经经手了很多保险合同，他每次都会习惯性地把投保人签了字的保险单复印一份，然后放在文件夹里。因为他认为，那些材料会对新客户产生很强的说服力，这个文件夹也就成了他的秘密武器。

每次在与新客户谈话结束的时候，贝特格都会说："先生，我很希望您能购买这份保险。也许我的话有失偏颇，所以，请您听听其他参保人的意见，他是一位和我的推销完全无关的人。我能借用电话吗？"

然后，贝特格会接通一个曾经参保人的电话，让客户与这名参保人交谈。这些打电话的对象都是他当着客户的面从复印材料里挑出来的，可能是客户的朋友或邻居。有时两人相隔很远，就要打长途电话，但效果会更好，当然，电话费也是贝特格来付的。

初次尝试的时候，贝特格担心客户会拒绝，但从没发生过被拒绝的事情。相反，他们非常乐于同其他已经参保的人交谈。有时候，参保人是客户的朋友，聊起来，就偏离了正题。这种方法，贝特格完全是在偶然中发现的，但效果很好。

通常，这些客户在通过电话后，都会更倾向于购买保险，这样推销保险的成功率就大大提高了。

当然，推销员一般会非常担心，自己的"证人"可能会不配合自己，其实，只要你能够拥有足够的诚实度，他们都是愿意帮助你的。当然，当你真的做成生意的时候，要懂得感谢你的"证人"，小到一句感谢的话，大到送个礼物、送个红包，礼尚往来一下，这样客户就会更愿意帮助你，当然，这个帮助的前提是你的产品的确非常不错。

也许有些推销员想要些小聪明，不如自己雇几个托儿或者给几个曾经的客户一些利益，让对方撒谎，给自己说好话，然而，这样做通常是得不偿失的。客户并不是傻子，一旦客户发现了你的伎俩，他们就会对你完全失去信任，甚至会告诉其他人不要购买你的产品，结果，你可能不单单会损失这笔生意，还可能会失去更多的潜在客户，丢失更多的生意，因为这件事情也让你的人格降低了。特别是当你推销的是非常贵重的产品时，客户更会对你的一举一动非常细心，比如，为了保证对方的确是你曾经的客户，他们很可能会在你离开的时候，再打回电话，进一步调查电话说的是否真实，这个时候，如果你使用了伎俩，就很容易让客户识破。并且，一些曾经的客户绝大多数会实事求是地介绍产品的,他们不会因为一点小利益而撒谎。如果有推销员这样做了,其实,他也失去了这名老客户。

如果推销员推销的是生活中普遍使用的产品,那么,引进"证人"的效果会更好。因为同类产品各式各样,五花八门,各种牌子都有,挑得人眼花缭乱,有关产品的介绍更是像雪花一样到处飞。这时候,客户更希望有一个值得信任的人能够给自己推荐一下。只要自己信任的人能够提出建议,客户通常会顺应对方的意思,购买他推荐的产品。

找个"证人"的确是一个非常不错的选择,是取得客户信赖的非常好的方式之一。"证人"不仅可以说服潜在客户完成交易,而且也增加了客户对推销员的信任,对他更为热情、更有信心。这就是"证人"的力量,他们的寥寥数语往往远远胜过推销员唠叨半天的推销语。

所以,我们在推销产品的时候,要留意保存老客户的联系方式,当然,你也要经常和这些老客户保持联系,这样,老客户在推荐产品的时候,如果产品有些小瑕疵,他会主动帮助推销员讲他的优点的,这会更有利于成交。

### 弗兰克·贝特格销售心经

» 客户的问题和异议就是推销员的机会。
» 我很长时间才意识到,最大的客户往往是那些与你唱对台戏的人。
» 真诚可以换来客户,信任可以让客户变成合作伙伴,友谊可以让合作伙伴变成朋友,而朋友能为你带来更多的客户。

PART12

"亚洲销售女神"
徐鹤宁教你敢于行动,拼出成功

如果你的现状不如别人,那么努力的程度一定要超越别人。

——徐鹤宁

要成功,先发疯,头脑简单往前冲。这是"销售女神"徐鹤宁的销售精髓。其实每个人内心深处都有那么一点儿疯狂大胆,正如每个人心中都有一个巨人,都蕴藏着巨大的成功能量,只是你愿不愿意被激发,进而将之展现发挥出来而已。徐鹤宁把这种疯狂演绎到了极致,所以她成功了!

## 做行动的巨人

没有人不想成功,没有一个商人不想着赚大钱的,没有哪个股民不想着股票涨个不停的,也没有哪个推销员不想成为金牌推销员的。所以,我们绝大多数推销员都可能向自己不断地重复着这样的豪言壮语:"我想要成功""我想要成为金牌推销员",但是大多数人还是成为了普通推销员,成了语言的巨人、行动的矮子。而那一小部分获得成功的推销员,其实,并没有比其他人聪明,而只是比其他人更懂得行动的重要性。

而努力就是一种行动,只有通过不断努力,你才能获得成功,才能梦想成真。所以徐鹤宁才会说:"拥有行动力,开上法拉利。"

在经过层层筛选后,徐鹤宁终于加入了陈安之培训机构在内地的办事处。在加入陈安之培训机构的起初，在一个晚上的"说服力演讲"中，因为徐鹤宁没有认真练习，而在当晚与几位同行的竞赛中被评为了倒数第一名。陈安之于是把"徐鹤宁，最后一名"贴在公司墙上最显眼的位置上。正是她那一晚上的糟糕表现，使得陈安之在第二天给其他助理讲师都分派了一到两场演讲，可没有分给徐鹤宁演讲的机会，理由是："你是最后一名，心理素质不好，先调整一下心态吧！"

在接下来的三天里，徐鹤宁都只能眼巴巴地看着别人到处演讲，然后陆续有人拿了成交的单子回来，但仍然没有她的场。

为了改变现状，她亲自打客户的电话去约场。她的努力以及对这份事业的渴望与执着，深深地打动了客户，于是客户给了她一次演讲的机会。那一次的演讲非常成功，也使她一雪前耻。

虽然这一次成功了，但徐鹤宁并没有因为这一点儿成绩而松懈下来，她不会忘记那最后一名的耻辱，她要让自己成为当月的冠军。而要想拿到冠军，唯一的办法，就是比别人多一点儿的努力。当别的讲师每天只演讲一场的时候，她就要演讲两场；当别人讲两场，她就要讲三场；如果别人有三场的演讲，她就是变也要变出第四场。总之，她一定要每天比别人多讲一场。

最后，徐鹤宁通过自己的不断努力，成了当月的销售冠军，获得了冠军奖。

第二个月她比第一个月干得更加卖力了，任何一个机会她都不放过。为了能拉到客户，就连沐足店她都去演讲过，就在那样非常狭窄恶劣的环境中她也会讲得很认真，也居然还会有人报名。而每次去地王大厦演讲，她会把保安也叫过去听，连电梯的维修工也有报名的。正是她的这种努力、这种行动，使得她连续三个月赢得公司的第一名。

但是，徐鹤宁知道她身后有一大批的追赶者，他们都想抢走自己的冠军奖，所以，行动还不能有丝毫的松懈。于是，她更加拼命地工作、拼命地演讲，保持着自己的冠军地位，每天天一亮就出门，半夜两三点才回家，没有一天有超过4个小时的睡眠时间。

她疯狂地工作，疯狂地行动，就算是"十一"长假期间，她都没有休息。她10月1日的时候在演讲，一直到10月7日她仍然在演讲。别人都在休息、都在享乐，只有她，每天的演讲都排得满满的，就连陈安之到她家去看她，她都要匆匆赶去演讲。

就是这种强烈的行动力，让她在半年内就买了豪宅。她对自己说："如果我的现状不如别人，那么我的努力程度一定要超过别人！笨鸟先飞都可以成功，不是笨鸟的我，如果能做到每天比别人起得早，每天比别人睡得晚，那么，一定会成为第一名的。"

## 做别人不敢做的事情

著名的哲学家萨特曾说："是懦夫使自己变成懦夫，是英雄把自己变成英雄。"而美国首位华裔部长赵小兰在总结自己的成功经历时特地勉励同胞"立大志，敢冒险，不要用他人为我们设下的上限来局限自己"。确实，成功总是属于那些具有巨大勇气和超人胆略的人们。

纵观古今，凡是成功的人士，都有一股超人的胆量和勇气，他们敢做别人不敢做的事，能做别人没有去做的事。正因为如此，比尔·盖茨成功了，马云成功了。因为他们做的都是别人不敢做而且没有做的事，超越了自我，实现了远大目标。

徐鹤宁在做销售员的时候，她每天都给自己定下一个销售目标，然后为了这个目标去努力。

有一次，直到深夜她都还没有完成自己当天设定的目标。虽然此时她已经又累又饿，但是没有完成目标，她是坚决不会回去的。于是她继续思索着去哪里拜访客户。

因为就差一个客户，现在深更半夜，如果去居民区拜访是不可能的，因为人人都要休息了。正在她漫无目的地走在马路上时，迎面射来两道强光，原来是一辆车驶近了，速度比较快。

这个时候，徐鹤宁突然灵机一动，只要有人，就是自己的潜在客户。在这种思想的驱动下，徐鹤宁飞奔几步跑到马路中间，伸开双臂，拦住这辆车。这时她才看清楚，这是辆奔驰。

突然从路上冲出来一个人来，再加上时间已经这么晚了，着实把司机给吓了一跳。幸亏司机反应很迅速，来了个急刹车。但突如其来的这一惊吓，让司机非常气愤，他不由得从车窗里伸出头来，大骂："干吗？不要命啦？！找死啊！"

可徐鹤宁对司机的愤怒毫不畏惧、视而不见："先生，能让我先上车再说吗？"

司机见是一个柔弱女子，以为她遇到了什么困难，便开了车门让她上车。

徐鹤宁上了车后就打开了话匣子："先生，您好，我是某某公司的销售员，我每天都给自己规定了任务，如果完不成，就不能回家、不能睡觉。今天，这么有缘遇到了最有爱心的您，我给您讲讲我们公司的产品好吗？"

这话可让这位先生惊讶了："姑娘，你的胆子也太大了！这样深更半夜的，遇到坏人怎么办？你就不怕被我拒绝吗？"

"我每天都会为自己定下一个目标，要是完不成，我连命都不要了，还怕你拒绝？"

"你真行！这么执着，你会成功的。"

那天，就是这位客户在徐鹤宁那里签下了一个大的订单，使得徐鹤宁那天超额完成了任务。

徐鹤宁之所以成功，靠的就是这股超强的胆量和行动力，为了自己的目标，就算在深夜拦奔驰她也敢。

可见，人的生命就如同一个罐头，胆量就是开罐器，我们要握着有胆量的开罐器，才能打开生命的罐头，进而品尝到里面香甜的滋味！

有思想、有目标还只是具有了方向，真正能够走向成功的人都是敢于行动的，敢于为人所不能为、为人所不敢为的。他们只要坚定了自己的信念，就完全相信自己，忠实于自己，并且不达目的绝不罢休。正是他们主宰了自己的行动，所以他们也掌握了自己的命运，成就了自己的人生。

所以，作为推销员的我们如果也想成就一番不平凡的业绩，就向徐鹤宁学习吧，为了实现目标，把自己变成行动的"疯子"吧。

## 用行动突破不可能

众所周知，做销售这一行是非常辛苦的，天天都要起早贪黑地拜访客户，不仅身体上是辛苦的，在精神上还要承受客户白眼的打击；天天走街串巷，得到的却是客户的一次次拒绝。所以，如果没有一种大无畏精神，很少有人能坚持下来。但是那些坚持下来的，也就成了成功者。

三流的推销员在不可能面前，选择放弃；二流的推销员在不可能面前，会去面对；而一流的推销员则会在不可能面前，用行动去突破，突破那种不可能，把其变成可能。

当徐鹤宁和其他三名入选者进入陈安之培训机构的第二天，每一分钟都可以用金钱来计算的陈安之老师，居然宣布要带他们去深圳和广州游玩三天。

但陈安之并没有带他们去世界之窗、文化村等旅游景点，而是带着他们去看了深圳和广州最好的楼盘。当他们走进豪宅的时候，所有的人都羡慕不已。他们走进去的都是两百平方米以上的房子，那里宽大舒适，豪华雅致，站在阳台上放眼望去，青山绿水，美不胜收；躺在卧室软软的大床上，透过弧形的落地窗，波光粼粼的珠江景色尽收眼底……

3天旅游结束，当他们回到公司时，陈安之要他们各自说出自己的梦想和目标，说说他们打算在未来多久的时间开上什么样的车子，住上什么样的房子，过上什么样的生活。

轮到徐鹤宁时，她说出了自己的梦想："陈老师，我徐鹤宁，立志在3年之内买下那套躺在床上就可以看到珠江的房子，把我的父母接过来享福！""我，徐鹤宁，发誓要在5年之内开上我最喜爱的宝马车！"

这是一个看起来有些不太可能的远大梦想，但陈安之肯定了她，并且还说道："徐鹤宁，你的格局太小，那么一套100多万元的房子还用得着3年吗？凭你的能力，1年就可以了！"

"请记住，要放大你的格局，目标不是用来实现的，是用来超越的！有陈老师在，不用5年，2年你就可以拥有你最喜爱的那辆宝马车！"

有了明确的目标，有了努力的方向，徐鹤宁就开始付出了。她每个月都在拼命地演讲，虽然每个月她都保持着冠军，但是，她知道后边有很多人在追赶着她，要想成为真正的冠军销售员，她就要付出比别人更多的努力,要把别人远远地甩在后面。从此以后,她把自己的目标从每月推广100人变为每月推广300人,她要做绝对优势的冠军销售员。

这个决定,在一般人看来有些疯狂,但她心中有自己的打算,她发现深圳已经没有多少客户了,而广州还是一块尚未被开垦的处女地,于是她只身一人来到广州,开始了她的广州销售之旅。

一个月300人对于一般的销售员来说,确实是很多了,但徐鹤宁有充分的自信完成这个任务。因为她把目标按天数均分,300人分到每一天,就只有10个客户,于是她每天就以10个客户为目标进行开发,结果,第一个月,她就开发出了309个客户。

在广州的两个月,她成了绝对的冠军销售员,并两次拿到了冠军奖。这时候,也是她加入陈安之培训机构的半年时间。

趁着和爸妈过中秋节的机会,她为了报答自己的父母,带他们买下了半年前看上的那套豪宅。她自己说3年之后买下来,陈安之给她缩短到1年的时间,而她却只用了半年的时间就买下来了。就这样,她用自己的行动突破了不可能。

也许我们在工作中一定会遇到让自己感觉到不可能完成的事情,但不要就此而放弃,行动起来,寻找攻破不可能的方法,坚持去行动,哪怕暂时放一放,在不久的将来再攻破,也会把不可能变成可能。总之,找准对象,就要攻破。

成功的推销员都会告诉自己:"我一定成功。""我一定拿下这份订单。""我一定能说服这位客户。"这样才具有成为一名金牌销售员的潜质。而徐鹤宁用勇敢的行动以及辉煌的业绩告诉我们行动起来就能突破不可能。

## 徐鹤宁销售心经

» 不，我要跳得比别人都好！我要排在第一个！
» 我每天都会为自己定下一个目标，要是完不成，我连命都不要了，还怕你拒绝。
» 改变的力量源自于决心，人生就决定于我们作出决定的那一刻。

PART13

"世界上最伟大的推销员"
乔·吉拉德教你把握销售细节

我相信推销活动真正的开始在成交之后,而不是之前。

——乔·吉拉德

乔·吉拉德,年轻时一直忙忙碌碌地生活着,但都是一事无成。在35岁这年,他走投无路,请朋友帮忙才求得了汽车销售员的工作。但他凭借着自己的不断努力,竟然在短短的3年内就打了个漂亮的翻身仗,他以1年销售1 425辆汽车的成绩,打破了汽车销售的吉尼斯世界纪录,成为了汽车行业里最伟大的推销员。

## 一束玫瑰花体现的尊重

乔·吉拉德的成功,很大程度上归功于他善于抓住生活中的小细节,精心地用热情去温暖每一个人,这其中当然包括他的客户。

一次,一位中年妇女走进乔·吉拉德的展销室,想借看车打发一下时间。在闲谈中,她告诉乔·吉拉德自己想买一辆像她表姐开的那样的白色福特车,可对面福特车行的推销员让她过一小时后再去,所以她就先来这儿逛逛。

乔·吉拉德并没有因夫人说无意购买自己的车而失望,他依然微笑着对这位夫人说:"夫人,欢迎您来看我的车。"

这让这位夫人感觉很亲切,后来,他们攀谈了起来,在闲谈中那位夫人非常兴奋地告诉乔·吉拉德:"今天是我55岁的生日,我想买一辆白色的福特车送给自己做生日礼物。"

　　乔·吉拉德听到这里，赶紧热情地向她道贺："夫人，祝您生日快乐！"随后，他轻声地向身边的助手交代了几句。

　　随后，乔·吉拉德领着那位夫人从一辆辆新车面前慢慢走过，边欣赏边做介绍。

　　当他们来到一辆雪佛莱车前时，乔·吉拉德说："夫人，看来您很喜欢白色。瞧这辆双门式轿车，也是白色的。"

　　就在这个时候，助手走了进来，把一束玫瑰花交给了乔·吉拉德。乔·吉拉德把这束漂亮的玫瑰花送给了那位夫人，并再次真诚地祝福她："祝您长寿，尊敬的夫人。"

　　此情此景，让这位夫人感动得热泪盈眶，她非常激动地说："先生，太感谢您了！我已经有很久没有收到别人的礼物了。刚才那名福特车的推销员看到我开着一辆旧车，肯定从心里认为我买不起新车，所以在我要求看看车的时候，他就推辞说先要出去收一笔钱，我只好上您这儿来等了。现在想一想，也不是非要买福特车不可的。"

　　最后，这位夫人决定在乔·吉拉德这儿购买车，她最终买走了那辆白色雪佛莱，签的是全额支票。

　　其实自始至终，乔·吉拉德根本没有一句劝说这位夫人购买自己产品的话，他只是发现了细微的机会，给夫人送了一束玫瑰，这就无形中架起了彼此沟通的桥梁，让这位夫人感受到了自己被重视和尊敬。这份温暖的感情，让顾客不由得对推销员产生了深深的信任感，从而放弃了原来的打算，转而选择了乔·吉拉德的产品。

　　乔·吉拉德认为：卖汽车，人品重于商品。一个成功的汽车推销员，肯定有一颗尊重普通人的爱心。真诚的爱心是一种内在的精神品质，能直达人的心灵。而乔·吉拉德的爱心体现在他的每一个细小动作上，这无疑是助他成功的重要法宝。

由此，我们也深受启发：不要忽略每一个人，要尊重每一个人，任何一个人都可能成为你的潜在客户。当我们接触这个人的时候，就应该竭尽所能地开发他，让他成为自己的忠诚客户甚至是终身客户。

## 富有人情味的贺卡问候

凡是乔·吉拉德见过的人都可能会收到贺卡，乔·吉拉德把自己见到过的所有人都看成自己的潜在客户，每次介绍完产品后，他总会细致地问清楚客户的联系地址，对方还没有回到家里，乔·吉拉德就已经把写有"感谢惠顾"的贺卡送过去了。客户们看到贺卡，免不了会惊讶，乔·吉拉德这个名字也就印在他们大脑里了。

乔·吉拉德不仅向初次见面的客户送贺卡，他还要给已经购买完他的产品的客户送贺卡。他有一句名言：我相信推销活动真正的开始在成交之后，而不是之前。推销是一个连续的过程，成交既是本次推销活动的结束，又是下次推销活动的开始。推销员在成交之后继续关心顾客，将会既赢得老顾客，又能吸引新顾客，使生意越做越大，客户越来越多。

正是乔有"成交之后仍要继续推销"的观念，使他把成交看作推销的开始，在和自己的客户成交之后，并不是把他们置于脑后，而是继续关心他们，并用寄送贺卡的方式恰当地表示出来。

乔·吉拉德每月都要寄出1.5万张贺卡，他的每一位潜在的客户以及老客户，每年都能收到他寄去的12张左右的贺卡，这些小小的贺卡传达了乔·吉拉德的一份关爱，让新老客户都对他印象深刻，且感到格外亲切。

也许有人会说，不就是一张破卡片嘛，现在到处都有卖的，根本没有什么新意。但是，收到乔·吉拉德卡片的人们却不这么认为，因为他们每次收到的贺卡都有不同的设计、色彩以及投递卡片的方式，这些精美的贺卡都是乔·吉拉德根据对客户的了解并针对具体的节日非常用心地选择后，亲笔写上祝福才寄出去的礼物，这礼物虽然没有多大的实用价值，却饱含了乔·吉拉德的一份关爱。

当然，虽然各种贺卡都非常漂亮，但如果客户发现贺卡中的内容都是一些推销产品的广告语或者是介绍产品的说明书的时候，估计绝大多数客户都会有这样的想法：送这么漂亮的贺卡无非是想让我看你的广告词，让我购买你的产品。

通常很多客户会非常反感这种做法，以后推销员再送多少贺卡，对方都会鄙夷地扔进垃圾箱或者干脆打电话训斥你一顿，并要求以后不必再送贺卡了。

本来，客户对推销员持有一个固有的观念，就是："他想向我推销什么呢？我什么都不缺。"在没有交流前，客户就已经有很高的戒备心了。而送贺卡的本意就是给客户留下好印象，如果推销员在贺卡中写满了推销语，介绍自己产品的优势，介绍服务的周到，介绍自己多么优秀，这些信息都会引起客户的反感，从而形成逆反心理。

乔·吉拉德的聪明之处就在于，知道客户有这种心理，所以，在贺卡上从来不提一句"请您买我的汽车吧"之类的话。他的贺卡总是非常简洁且有针对性：

1月份，他的信函是一幅美丽的喜庆图案，配以"恭贺新禧"几个大字。下面是一个简单的落款：雪弗莱轿车，乔·吉拉德上。除此就再没有多余的话语了，即便是在大拍卖期间，他也绝口不提买卖。

2月份，他的贺卡上会写"请您享受快乐的情人节"。署名处依然是不变的"雪弗莱轿车，乔·吉拉德上"，非常简洁。

3月份，贺卡的内容是："祝您圣巴特利库节快乐！"圣巴特利库节是爱尔兰人过的节日,可能你是波兰人,或是捷克人……但这些都无关紧要,关键的是他没有忘记给你带去美好的祝福。

之后是4月、5月、6月……

而恰恰是不讲一句推销的推销,反而更容易给人们留下了深刻、美好的印象。所以,当他们真的需要购买汽车的时候,往往就会在第一时间想到乔·吉拉德。即使第二次购车,也还是会去找他。

乔·吉拉德长期坚持给客户送贺卡,这样年年月月过去了,即便很久没有见到他的人,也会对他非常熟悉,每到节日的时候,当客户问自己的家人:"过节有没有人来信?"

家人会说:"哦,乔·吉拉德又寄来一张卡片!"乔·吉拉德的名字就这样在愉悦的气氛中走进千家万户。

得人心者得市场,世界上没有一次性消费的顾客,每一个顾客都是人际关系网中的一个点,并通过关系网与其他的点发生关系,从而带动整个网络。乔·吉拉德明白只要能充分利用每一次机会,赢得顾客的心,就一定能成为最后的赢家。

## 不妨让客户欠点儿人情

乔·吉拉德非常善于接待客户,能够做到得心应手。每一个从他手里购买到汽车的成百上千的客户们在走进他的办公室的时候,都会被他的热情所感动,因为他们从一个个小细节中深深体味到乔·吉拉德是真正关心他们以及他们的家人的。

乔·吉拉德从不放过任何一个表示热情与亲近的机会,总是设法让每一位光顾他生意的客户感到他们似乎刚刚才在昨天见过面一样。

"哎呀,比尔,好久不见,你最近都躲到哪儿去了?"乔·吉拉德总是会这样微笑着热情招呼那些走进展销区的客户（这句话，让对方听了非常亲切，如果长时间没有来的，还会感觉有些歉意）。

"嗯，你看，我现在才来买你的车。"比尔稍带歉意地说。

"难道你不买车就不能顺道进来看看、打声招呼吗？我还以为我们是朋友呢。"

"是啊，我一直把你当朋友呢，乔。"

"你每天上下班都经过我的展销区，比尔，从现在起，我邀请你每天都进来坐坐，哪怕是一小会儿也好。现在请你跟我到办公室去，告诉我你最近都在忙什么。"

……

乔·吉拉德就是这样轻松地跟客户打招呼，这种亲切感，让一些客户非常感动。其实，许多客户买产品的时候，不仅仅是在买产品，也是在买态度、买感情。

正是出于客户的这种心理，推销人员可以给客户放出一笔感情债，客户心中感到愧疚就会自然而然想着什么时候回报你，而一旦他或者他身边的人想买你的这类产品的时候，客户会非常主动地来你这里购买或者介绍其他人来你这里。

每当客户走进乔·吉拉德的办公室的时候，他要做的第一件事就是送给客户一枚圆形纪念章，上面印着一个苹果并写有"我喜欢你"的字样。有时候，客户并不是一个人来，比如可能带着家人，这时候，乔·吉拉德会给他们每个人都发一个。如果其中有小孩，他还会特别赠送一种印有"乔·吉拉德让你满意而归"的心形气球。

这些小小的赠品，这个小小的举动好像微不足道，却让客户感受到了温暖，并且也感觉到自己欠了乔·吉拉德的人情。

乔·吉拉德的办公室里总是备着方便和愉悦客户的很多东西，如果一位客户把手伸进口袋找烟，乔·吉拉德会让他等一会儿，然后赶紧从柜子里拿出15种牌子的香烟来,问客人:"您抽什么牌子?"

如果客户回答是"珀莫",吉拉德就找出这种烟来,当着客户的面把烟抽出,给他点上,然后把那包烟塞进客户的口袋。如果客户问:"多少钱?"吉拉德就说:"别傻了。"

这样客户就欠了吉拉德一个人情。

乔·吉拉德还在自己的办公室设了一个酒吧,准备了很多酒,只要客户报上名来,乔·吉拉德就能立刻从柜子里找出来。

当他和客户聊得比较不错时,他会趁机邀请客户喝两杯。乔·吉拉德总是拿出两个瓶子,一瓶给对方,一瓶给自己,其中自己的那一个瓶子里,装的是带颜色的水,其实他从来不在上班的时候喝酒,他是为了保证自己能够思维敏捷地招待客户。

喝完了酒,乔·吉拉德就会趁热打铁:"某某先生,跟我做生意包您满意。来,让我们把这份表格签了吧。就这儿。"客户面对此情此景,怎么可能好意思拒绝呢?于是,一笔生意就轻松成交了。

乔·吉拉德聪明地利用一些小东西笼络住了客户的感情,同时,也让客户在感情上愿意主动去帮助他。这种和客户的小小互动,让吉拉德收获很多。

有的时候,我们的推销员也会赠送给客户一些小礼品,但是效果并不明显,有时候客户还会抱怨赠送的礼品太寒酸,不上台面,根本就没有欠人情的感觉,为什么会出现这种情况呢?

其实,客户是否会觉得有些不好意思,是否会在心里产生愧疚感,是由客户觉得这种事情到底是不是理所当然来决定的。

当所有的推销员都这样做的时候,你采用同样的做法就不会让客户产生"欠人情"的感觉,只有当别人都没有做而你却做了额外付出的时候,客户才会感觉到"欠人情",进而回报你的付出。换句话说,要让客户真正感到欠了你一个"人情",关键要看你的付出和目前行业或者其他推销员的付出之间是否有差距。只要你的付出多于其他推销员和行业的惯例，也就超出了客户认为理所当然的范围，这时候，客户才会产生回报感。

当然，给客户越多的帮助或者提供方便，客户会越高兴，但太高成本的付出也让推销员吃不消，最合适的付出是只要比同行多付出一点点就可以了。

那么怎样让客户感觉到自己的付出呢？

**1. 强调态度认真，物品贵重**

在生活中我们可以主动帮助客户，来让其欠人情。但要注意在客户面前要强调自己帮助对方非常认真。

A推销员送一张管理光盘给客户。他就直接说："赵经理，我给你寄了一张管理光盘，您看看，对你学习会有用。"

而B推销员则告诉经理："您正在学习，而且只是看纸质稿子，不容易理解，我特意给你想了个办法。"这位经理就好奇地问："什么办法？"这个推销员说："我特意托某某教授的助理要了一份光盘，这种光盘是限购的，非常少，并且我看到光盘中第三章的内容正好是你前几天正在头疼的问题。"

我们来衡量一下，显而易见同样是送光盘，B推销员这样一说，就会让人感觉非常感激，因为他强调他的态度多么认真，东西多么珍贵，这样推销员的付出远远超过了经理心理所预想的范围，所以，经理非常感激。

**2. 表明是自己的付出**

销售人员在和客户建立人情往来的时候，如果客户感觉推销人员的付出都有厂家做支持，那么，客户通常是不会有什么歉疚感的，而只有客户感觉到你对客户的付出，是你自己努力争取到的，才会使客户感觉愧疚。

比如，某公司卖空调赠送豆浆机，如果推销人员直接把赠品赠送给客户，通常客户感觉是理所应当的，一点儿没有歉疚感觉。但当推销员说豆浆机已经赠送完了，自己又特意给厂家打电话帮你争取了一下，好不容易帮你争取到了赠品，可想而知，客户一定会非常感激这个推销员的。

### 3. 主动帮助客户排忧解难

想让客户欠人情，并不一定非要赠送东西，有时候为客户作些专业指导，帮助客户排忧解难，也会让客户感觉歉疚。

比如，在推销产品的时候，一般的推销员都是打电话咨询客户是否用产品，然后对客户表示感谢，并表示希望能够购买自己产品，这种态度是让推销员自己欠客户人情，比较被动。

但是聪明的推销员会在进入主题后，了解客户的疑难，帮助客户解决问题，站在客户的角度考虑问题，这就能获得对方的信任，也会给客户留下了非常好的印象，与此同时，客户也欠了人情，推销人员只等着有朝一日对方回报了。

## ✔ 乔·吉拉德销售心经

» 爱是我打开人们心扉的钥匙，使他们不再拒绝我推销的货物。
» 商品和推销员应该成为一个统一的整体，一定要在客户还没有感觉到商品的魅力之前，让他们先感觉到推销员的魅力。
» 买过我汽车的客户都会帮我推销。

**PART14**

## "创造性销售大师"
## 戴夫·多索尔森教你拆开销售思维里的墙

> 销售是一种思想，顶尖的销售员都是一些思想家。
>
> ——戴夫·多索尔森

戴夫·多索尔森，美国著名销售专家、培训大师，主要从事广播电台、电视台等广告推销工作。业绩卓著，经验丰富，他提出的"创造性销售"概念风行一时。著有《创造性销售》等多部有关销售方面的畅销书，后任美国销售发展联合公司总裁，这是一家从事管理咨询和人员培训的公司。

## 用创意捕捉潜在客户

在通常情况下，推销员一般都是通过观察潜在客户的办公大楼、居住环境或他们的衣着来判断其购买力的，来决定其是否是自己的潜在客户，其实潜在客户也是需要自己去挖掘的，也许一个表面看起来非常普通，也没有多大购买力人就可能因为你的创意销售，成为自己的准客户。

走在大街上，来来往往的每一个人都可能成为你的潜在客户，我们需要的只是去开发他们。卖保险的把保险卖给他们、卖空调的把空调推销给他们、卖广告的把广告卖给他们……

那么，怎样去把潜在客户转化为自己的真正客户呢？戴夫·多索尔森认为，用创意去开发潜在客户，那是推销员成功的重要方法。

很多时候，推销员仅仅依靠勤奋努力也许并不能成为一名出色的推销员，谦虚、热情和偶尔一些"不走寻常路"的小创意却一定会让你脱颖而出。

所以说，销售需要有创新，创新需要我们敢于去开发尚未被任何人所注意，谁也不曾考虑过或从未有人做过的事情。

在传统观念中，推销员推销产品的主要方式就是电话推销和上门拜访。其实，推销员可以改变一下自己的推销方式。

在推销员培训课上，戴夫·多索尔森经常教给他的学员一些非常新奇的推销方法。他曾告诉学员们，如果遇到一个不肯和推销员见面的潜在客户时有一个打开局面的好办法，那就是把推销过程转移到录像带上，然后放在一个普通的信封里寄给他。这个做法给了戴夫·多索尔森灵感，他在自己的推销工作中使用了很多次，并且每次都收到了很好的效果。

有一次，戴夫·多索尔森在去向一位客户推销产品的时候遭到了拒绝，后来接连去了几次，都被客户的秘书挡在了门外，并对他说了一大堆理由。他想来想去也想不出用什么方法向这位客户推销广告。

一天晚上他回到家里，看到妻子和小孩正在看录像带，这大大地激起了他的灵感，为什么不把自己的销售报告拍成录像带寄给客户呢？

这样做不仅让客户免去了见到自己的烦恼，而且还能把自己的销售报告反复地放给客户看。于是他立即行动，把自己的推销报告拍出来，并且打听到这家公司的董事会成员与各部门负责人的地址，然后给他们每一个人都寄去了一盒录像带。一个星期后，这家公司的董事长亲自给戴夫·多索尔森打来电话，请他去商谈一下签订合同的事情。

就是多索尔森这个有创意的点子让客户耳目一新，并且让他自己明白了有创意的点子是攻下客户堡垒的重要条件。

这种方法被学员们吸收，并在实践中应用，也收到了不错的效果。

其中一个学员在对付一个非常顽固的老农场主的时候就是采用的这种方法。

但是，出师不利，这位老农场主在收到他的录像带之后没有丝毫的反应，而且坚决不承认收到过他寄来的任何东西。没办法，这名推销员只好放弃。

但是，一年之后，这位推销员却接到了一个电话，对方声称是那位老农场主的儿子。因为父亲退休了，所以他成了农场的新主人。他在整理杂货仓库的时候发现了这盘录像带，觉得非常好，于是他想同这位推销员见见面，谈一谈合作的事情。

可见，把自己的推销计划做成录像带是一个不错的创意，这种推销方式的改变，会让客户感觉很新颖，进而会对客户产生非常好的印象，这样做还不耽误客户的时间。

当然，推销员还可以制作一些经过特别设计的，具有吸引力和感染力的宣传资料，并把这些资料大量寄发给潜在客户。宣传资料的形式最好改一改，不要是通常情况下的介绍产品的说明文，可以把宣传资料写成具有感染力的散文或者很有说服力的议论文，让客户更有兴趣看下去；或者推销员还可以为一些特定的准客户亲笔写封促销信函，内容最好多些幽默轻松的语言，不要是刻板的介绍和促销语言。

## 具有创造性的8大推销术

创造性销售大师戴夫·多索尔森曾经总结出8大具有创造性的推销术，下面就让我们一起来学习、体会其中的销售艺术。

**1. 新颖的演示推销**

有些推销员为了推销自己的商品，使劲浑身解数说明自己产品的优势，其实，有句话说得好："一次示范胜过千言万语。"推销员为了推销自己的产品，并不一定非得如此卖力地展示自己的口才，因为说得不得法，客户不但不会购买产品，有时甚至还会适得其反，让人心生厌恶之情。其实，推销员完全可以考虑采用一些别的方式，比如采用演示推销就是一种非常有效的说服客户的方法。

某一销售声控魔方玩具的推销员，来到客户面前，寒暄几句之后，并没有急着介绍自己的产品，而是取出一个小巧玲珑、色彩艳丽的正四方体"木箱"放到客户的面前，随着推销员的一声击掌，小木箱不但摇晃起来，同时还用几种语言发出"让我出去"的叫声，仿佛那只小小的木箱里真的锁住了一个急于外逃的魔鬼。

这场生动形象、直观的展示，胜过销售员绘声绘色的描述，使客户亲身感受到了产品的魅力，结果，客户很快就购买了三大箱玩具。

当然，如果你手头没有专门准备的道具，你也可以利用身边的物品来进行有力的演示推销。

几年来，通用电气公司一直在说服小学校更换教室黑板的照明设备。双方开了无数次的会，说了无尽的话，但都毫无结果。后来，一位推销员想出了一个主意，让这个问题圆满地解决了。

在一次会议上，这位推销员手拿一根细钢棍站在教室的黑板前，两手各持钢棍一头，对各位校长和学区官员们说："先生们，你们看我把这根钢棍用力弯，不过一松手它就又直了。但是我如果用力弯它超过了断裂的临界点，那么它就会断。在学校上学的孩子们的眼睛每天都像就要弯了的钢棍，如果超过了临界点，视力就会遭到永久性的损坏，以后就不可能再恢复了。"

结果，学校立即拨款，全部换上了新的照明设备。

采用新颖的演示推销吧，它会让你的推销更加生动形象，达到锦上添花的效果。

### 2. 承认自己的价格高

如果客户抱怨推销员的产品价格太高，通常推销员会先否定客户的看法，然后再解释给客户产品的价格如何不高，接下来客户可能会反驳你的观点，结果一场销售行为，就演变成了不可开交的争论。其实，我们不妨就认同对方的说法，然后看看结果如何。

我们可以想象一下，当你向客户说："是的，先生，价格是太高了。"首先他会感觉自己突然失去了着力点，这会让他感觉很意外，因为客户只是想借这句话把心扉关闭，结果，你的这句意外的话，让对方没有办法关闭心扉了。

客户的心扉会再度打开，但这并不表示他对价格的看法有所改变。事实上，当你这样回答时，目的只有一个，那就是让他再敞开心扉而已。

你的这句话让对方产生了一种好奇心，而好奇心又是世上最强的驱动力之一。所以，如果客户向你抱怨价格过高，你不妨先同意他，脸上千万别只是装成很同意的样子，要表现出真心同意的态度。这样，他关闭的心门会被你的"同意"再度打开，他会听你一步步地说明价格过高是有足够的理由的。最后在你的努力下，他会逐渐同意你的高价格的。

### 3. 和"错误"对象打交道

曾有一份有关推销的报纸上刊登这样一则消息："工业界的推销人员把2/3的时间花在错误的对象身上。"这个消息真是令人吃惊。

在推销行业中，推销员都知道这个道理：在推销产品的时候，一定要找准推销对象，找到有决策权的人去把产品推销给他们，如果找的是没有决策权的人，即使他满意你的产品，他也没有权力决定是否能够购买产品。

所以推销员们常常这样说:"努力找有权可以决定的人,不要把时间花在助理、秘书、领班及接待人员身上,就是要找到可以签下订单的人,然后向他推销。"这是对的,没有什么可怀疑的,不然,你是无法完成交易的。

但是,有经验的推销员也会把时间花在"错误"的对象身上。比如在超级市场中负责上架摆物品的人就是"错误"的对象,他没权签采购单,甚至,他或许也不能向经理推荐某项产品,他是最不显眼的员工,但推销员为什么要和他打交道呢?

因为虽然他们没有采购或推荐的权利,但是在整个超级市场里,他们能够决定上架的产品的摆放位置以及更新频率,而这些都会影响到后期产品的销量。

这些工作人员的工资并不高,并且他们的机动性也不高,那么为什么他能够关注你的产品呢?这就在于我们平时和这些"错误"对象的交往情况。如果我们能够偶尔送给他一瓶果酱,他的亲属生日时送一盒巧克力,逢年过节再寄一张贺卡写上感谢的话语等,对方就一定会对我们上架的产品照顾有佳,因为你做的小小的事情表明你非常尊重他们,他们会对你产生良好的印象。

当然,做事情不能本末倒置,在和"正确"对象谈过之后,再去找那些"错误"的对象打交道,否则,连货都没有签,找"错误"对象就没有意义了。

### 4. 适度贬低客户

在使用这种方法的时候,会让客户感到惊惶失措,所以要谨慎使用。在运用这种成交方式时,必须审慎行事,让交谈能逐步转变气氛,如果推销员把步骤弄错,生意就会失败。

### 5. 善用客户的逆反心理

一般来说，想要成功推销产品，推销员多数是迎合客户正常心理，进而宣传产品的优点和与众不同之处，扬长避短，为自己的产品树立一个正面的形象，引起客户关注。

但在今天，企业外部环境变化多端，市场竞争激烈，客户的心理也变得更加复杂，用固定不变的方式方法，未必都能够奏效。

因为一些推销员不善于揣摩消费者心理，导致现在消费者对自吹自擂的广告和推销宣传很是反感。所以，在推销领域里，如果推销员能适当利用客户的逆反心理，反而能取得出奇制胜的效果。

利用客户逆反心理，可以采取多种策略，其中最常见的是变虚为实，以守为攻。

北美一家烟草公司派一名推销员去西欧某海湾旅游区打开"皇冠牌"香烟的销路，但因为该地区香烟市场已经被其他牌子的香烟占领了，所以，这名推销员发现自己很难打开市场。

正在他非常苦恼的时候，一天，在乘公共汽车时，他因为想着该如何打开市场销路，忘记了熄掉手中香烟，被服务员禁止后，他才看到了"禁止吸烟"四个大字，这时，一个绝妙的主意涌上心头。

不久，他别出心裁地制作了多幅大型广告牌，写出"此地禁止吸烟"的大字，并在上方清楚地写下了"连皇冠牌香烟也不例外"的字样。这些广告牌大大引起了游客的兴趣，喜欢吸烟的人心想：连皇冠牌也要禁止，倒要试试皇冠牌香烟有什么与众不同的地方。于是皇冠牌香烟销售量激增。

这个推销员之所以能够推销成功，就是利用了人们惯有的逆反心理，即"越是不让知道的东西，越想知道；越是难以得到的东西，越是希望得到它"。他以实代虚，以守为攻，欲擒故纵，从而激发起客户的购买欲望。

### 6. 根据不同的客户换不同的着装

通常我们想起推销员的时候，在大脑里会出现"雪白的衬衣，笔挺的裤子，再配上系得整整齐齐的领带"这样一个形象。

这样的装束在现在来说有些呆板。在现代社会里，推销员应该根据商品、客户等因素随时变换自己的着装，而不是拘泥于单一的形式。着装的目的是不让客户感到任何不快，并能唤起对方的好感与共鸣，这样才是恰如其分的着装。以年轻人为主的现代人最时髦的是非常巧妙地根据时间、地点、场合的不同，分别穿戴不同的服装。

### 7. 激将推销法

这种方法主要是利用客户的好胜心、自尊心而敦促他们购买所推销的产品。

推销员注意在激将对方的时候，要显得平静、自然，以免让对方看出你在有意"激"他。专业的推销员从不对客户说"你买得起吗？""你有诚意买吗？"专业的推销员会把问及对整个产品的购买决心变为只问及某一个购买细节，并争取客户在细节上作出让步。这样，可以给客户以一种心理安慰，引导他们去下决定购买。你要让他们明白你的货品绝对不是空壳子，对他们来说重要的是商品的功能。

### 8. 1分钟电梯推销术

你肯定有过这样的亲身体验：每天都会有数千人搭乘电梯，而通常电梯里没有一个人说话，一片死气沉沉。其实，你不妨趁着搭乘电梯的机会给陌生人发张名片，认识几个客户。

被称为"销售之神"的杰佛瑞·基特玛有1分钟行销术：

（1）进入电梯，注意看电梯中的人，看他们谁是一起进去的或者有谁在电梯里；然后试着从一群乘客中挑出自己认为的最佳准客户人选。

（2）如果你没有获得完整的资料，就留意他们在哪儿转弯，再以陌生电话作后续追踪。

（3）刚开始几次你会觉得很别扭。多练习几次，直到你能够在电梯门关起来以前，让对方笑，并对你的开场白有所回应。

或者你可以试试看这样说："在到达一楼前，我要卖你一样东西，那东西就是……我保证，我们再等30秒就会到20层楼了，信不信？"如果他们笑了，你就获得了他们的好感。

如此一来，你就能够磨炼沟通技巧，也多了些胆量，并认识了新朋友，又能多多少少做到一些业务。那么，为什么不试试这种富有新意的1分钟电梯推销术呢？

## 推销员永远不说"不可能"

在销售行业中，有很多的推销员总是认为：要想把某件产品卖给某位客户是不可能的，要想把这么昂贵的服务卖给这些客户是不可能的……结果，这也不可能，那也不可能。最后，他们心中有了越来越多的障碍，导致他们没有行动或行动起来非常迟缓，而结果他们也真的就没有可能卖出产品给那些客户了。

拿破仑说："在我的字典里没有不可能。"其实，无论是做销售还是干其他行业，只要坚信自己一定能够成功，自己就真的会成功，所以在没有行动之前，不要妄自给自己增加心理负担，不断地暗示自己不可能成功。

戴夫·多索尔森深信"任何事情都有可能成功"，并且他把这句话演绎到了极致。

戴夫·多索尔森在开办了自己的公司之后，依然在不断地忙于培训销售员。每次培训的时候，他都会对所有的学员说："如果你有

99%想要成功的欲望，却有1%想要放弃的念头，那么你可能就没有机会获得成功，你所要坚信的就是一切都有可能。"

所以，凡是成功人士都坚信自己：只要有无限的热情，凡事皆有可能。在推销工作中遭到客户拒绝，或者推销失败都是很常见的事情，就要看失败概率有多大，要想尽量少地被客户拒绝，就要想办法创新，赢得对方的青睐，尽力抓住、利用好每一次机会，且要相信自己一定能做到，对自己的事业投入所有的专注与热情，那么，成功还有什么理由不走向你呢？

戴夫·多索尔森经常会对他的学员讲乔治·赫伯特把斧子卖给总统的故事：

布鲁金斯学会是世界上最权威、最具有影响力的推销员培训组织。它有一个传统：在每期学员毕业时，都会设计一道最能体现推销员能力的实习题，让学员去完成。完成任务的学员将获得一只刻有"最伟大的推销员"的金靴子。

在克林顿执政期间，学会出了这样一道题：请把一条三角裤推销给总统。8年时间里，无数学员为此绞尽脑汁，但都无功而返。克林顿卸任后，学会把题目改成：请把一把斧头推销给小布什总统。

对于绝大多数推销员来说，这又是一个不可能实现的推销任务。但是，一个叫乔治·赫伯特的学员却认为把一把斧头推销给小布什总统是完全有可能的。

他知道布什总统有一个很大的农场，里面绿树成荫。于是乔治·赫伯特胸有成竹地给小布什总统写了第一封信："总统阁下，有一次，我有幸参观您的农场，发现里面长了很多矢菊树，并且有些已经死掉腐烂了。我想，您一定需要一把斧头，照您这样的体格，需要一把不太锋利的老斧头更合适。现在我这儿正好有这样的一把斧头，它是我祖父留给我的，很适合砍伐枯树。如果您有兴趣的话，请按这封信所留的信箱，给予回复……"

不久之后，乔治·赫伯特收到了布什总统汇的15美元，当然，他也获得了"最伟大的推销员"的金靴子。

乔治·赫伯特成功后，布鲁金斯学会在表彰他时说，金靴子奖已经空置了26年，在这26年间，布鲁金斯学会培养了数以万计的推销员，造就了数以百计的百万富翁。这只金靴子之所以没有授予他们，是因为我们一直想寻找这么一个人，这个人不因有人说某一目标不能实现而放弃，也不因某件事难以办到而失去信心。

乔治·赫伯特其实没有使用什么特殊的推销方法，而之所以他能够取得成功，只在于他心中认为没有什么不可能，正是这种信念，让他有勇气拿起笔来向总统推销产品。而其他人都被"没有可能"这个想法打败了。

同样，戴夫·多索尔森之所以有那样的成功，也在于他懂得"一切皆有可能"。他敢于尝试、尝试、再尝试，也正因为有这种想法，他才赢得了"创造性销售大师"的荣誉称号。

## 戴夫·多索尔森销售心经

- » 一味地仿效别人的做法，是不可能成为一流推销员的。
- » 我们要在客户的拒绝中去发现创意，因为客户"拒绝"或"顾虑"只是委婉的说法，实际上并非客户现在不准备购买的真正原因。客户所要表达的真正意思是：你还没能说服我购买。
- » 所谓礼节礼貌不应该仅仅拘泥于单一的形式，而主要是不给对方带来任何不快，并能唤起对方的好感与共鸣，这样才是恰如其分的礼节礼貌。

## PART15

## "寿险销售大王"
## 乔·坎多尔弗教你积极主动推进销售

> 我成功的秘诀相当简单,为了达到目的,我可以比别人努力一倍,艰苦一倍,而多数人不愿意这样做。
>
> ——乔·坎多尔弗

乔·坎多尔弗,全世界唯一一位能在一年之内做成超过10亿美元生意的人寿保险经纪人,并两度获得"国家销售大师"奖。曾任内克兰人寿保险商协会主席、佛罗里达州伯克县房地产规划委员会副主席。

乔·坎多尔弗每天都在疯狂地工作,他恨不得把吃饭、睡觉的时间都用在工作上,他说:"我觉得人们在吃睡方面花费的时间太多了,我最大的愿望就是不吃饭、不睡觉。对我来说,一顿饭如果超过20分钟,就是浪费。"他曾连续10年,每年的推销额没少过8亿美元。

## 主动宣传你自己

作为推销员,不管是卖什么,都要记住:卖东西的过程也就是让别人了解你的过程。在激烈的市场竞争中,没有任何一个推销员会得到客户这样的回答——客户被迫说:"我找不到其他推销员,只有你这里有我要买的东西。"所以,想要让更多的客户了解你的产品,首先,你就应该主动地把自己推销出去。

在乔·坎多尔弗从事的行业里有1 800多个保险公司，并且没有哪一家公司拥有独家专卖产品。所以，这就意味着客户可以购买任何一家的产品，而这种情况下就需要推销员能够自我推销，因为客户更愿意购买和自己关系好的推销员的产品。而这时，产品可以销出去的关键就在于推销员了。所以，乔·坎多尔弗总是善于利用各种机会积极主动地宣传自己，让客户知道他是一个有责任心的奋斗者，一个具有专业特长的人，一个勤奋工作的人。

坎多尔弗会对客户主动介绍自己："在很长一段时间里，我一直是全世界人寿保险业中的第一号人物，我的事迹曾被华尔街杂志报道过，我曾被畅销书《十位最优秀推销员》列为世界人寿保险商之首。"

而且，在坎多尔弗的办公室里，你会发现他把奖状和荣誉证书都贴在了墙上。并且他的秘书在向客户发信时，总是会把一本介绍坎多尔弗的小册子一起寄送给客户。

坎多尔弗这样告诫推销员："最为关键的是，这本小册子应该告诉人们你是谁，而不是产品和公司，必须让客户先把你当成一个人来了解——知道你是一个什么人。如果你还未在业界取得巨大成功，请告诉客户你的目标以及你试图怎样实现这一目标。最为重要的是告诉客户你的功绩。"

有些很害羞或者很内向的人，会觉得自我推销就是种炫耀，并且不屑于此。其实，自我推销并不是自我炫耀，自我推销是指给予他人正确信息，从而促使他们作出购买的决定。

如果你不把自己的优势说出来，对方就不知道你的优势，也就很难立刻对你产生好感或者信任你。把自己的优点介绍给客户，让客户了解自己，就会更容易让客户信任你，进而因为信任你而信任你的产品。

客户在看到你的第一眼时就开始在快速判断你，并且从你身上搜索他们想要的信息，如果你没有把自己的优势表现出来，没有满足他们需要的一些条件，他们就会忽视你，甚至认为你不够格，他们将会把你归到其他的类别中去。

所以，推销人员要学会推销自己，要善于推销自己，那么推销员应该怎么做呢？下边有几种方法供参考。

**1. 以对方为导向**

在推荐自己的时候，应该注重对方的需要和感受，并根据他们的需要和感受来说服对方，让自己的观点无形地被对方接受。

**2. 有自己的特色**

推荐自己的时候首先应该要引起对方的注意，如果没有引起对方的注意，别人不在意你的存在，那么，推荐自己的目的就没有达到，因为连对你都没有印象，又何谈对你的产品有印象呢？那么，该怎样引起别人的注意呢？关键是要有自己的特色。这里所谓特色，是指你身上与众不同的地方吸引住对方，比如，你有非常好的幽默细胞，你对某些东西有比较有见地的见解，等等。

**3. 善于面对面**

推销产品的时候面对面和客户交流是必要的，也是推销产品的关键环节，人们通过面谈可以取得推荐自己、说服对方、达成协议、交流信息、消除误会等功效。面对面推荐自己时，应注意和遵守下面的法则：依据面谈的对象做好准备工作；语言表达自如，要大胆说话，克服心理障碍；掌握适当的时机，包括摸清情况、观察表情、分析心理、随机应变等。

**4. 有灵活的指向**

人有百好，各有所好。假如你尽力针对对方的需要和感受仍说服不了对方，没能被对方所接受，你应该重新考虑自己的选择。是不是自己寻找的目标客户有偏差？自己表达有失误吗？可以找个借口离开，然后好好想一想。再想办法克服或者将注意力直接转向其他客户。

**5. 注意控制情绪**

人的情绪有振奋、平静和低潮等三种表现。在推荐自己的过程中，善于控制自己的情绪。情绪无常，很容易给人留下不好的印象。为了控制自己开始亢奋的情绪，美国心理学家尤利斯提出了3条有趣的忠告："低声、慢语、捶胸。"

任何东西，只要肯卖就会有个买主，当你把自己推销出去时也不例外。所以你要先站在买者的位置，试问自己："有人愿意买我吗？"

总之，只有会主动宣传自己的推销员，客户才有可能主动来买你的产品。要在日常的工作中多积累经验，让自己在工作中不断进步。

## 永远不去等待"完美时刻"

美国前总统罗斯福有一次谈到自己时说："我一生没有什么光辉而出色的事，大概除了一件事以外：我做我相信值得做的事……而当我决意要做一件事时，我便行动。"

是的，没有行动，取得成果是不可能的。行动就是力量，因为只有在做的过程中，你才能不断地调整自己的目标、发现自己的优劣势。

如果你活得过于仔细认真，得失心太重，就可能错失良机。作为推销人员，一旦进入这个行业，无论是保险还是房地产，无论是营养品还是保健品，一旦决定进入这个行业，就应该马上行动起来，去做自己该做的工作,而不是犹豫不决。致富就好比骑着一辆脚踏车,不是维持前进,就是翻覆在地,只有行动才是第一的,做任何事都不要拖延,工作时绝不能把"踩车"的脚松下来。如果一个人永远徘徊于两件事之间,对自己要做哪一件事情犹豫不决,他将一事无成。

在你拿起电话的时候你犹豫着:到底这个客户是个什么样的人呢?会不会很难沟通呢?他到底有没有这方面的需求呢?……于是,脑海中出现各种各样的猜测,越是猜测越是感到自己不应该打这个电话,结果很可能放弃了一次与人沟通的机会,也可能因此而放弃了一次成功的机会。看到别人成功、有钱,是因为他们抓住了机遇;而没有成功,依然贫穷的人则是因为自己没有勇气、胆小,没有抓住成功的机遇,你不能迈出成功的第一步又何谈成功?

"明天""下个月""某一天""以后""将来某个时候"等,这些词语让人往往联想到这件事"永远做不成"。有很多好的计划没有能够实现,是因为实施者在应该说"我现在就去做,马上开始"的时候,却说"将来有一天我会开始做的"。而"现在"的意义就不同了,它是和成功联系在一起的。

"拖延无异于死亡。"乔·坎多尔弗由衷地感慨:"我相信'行动第一'!这是我最大的资本,这种习惯使我的事业不断成长。"

两天前就应该见一个客户,还犹豫什么,不要拖延了,现在拿起电话约他吧。你已经有一个可以大有所为的计划,为何让如此好的计划束之高阁呢?取下来,马上着手去实践吧。

你必须用心搜集事实,没有任何拖延的理由。行动是最重要的。只有行动起来,果断起来,才能让自己更快地取得成功,否则成功只会遥不可及。

如果你有犹豫不决的毛病,不如让自己养成一种习惯来杜绝掉自己那些不良的习惯,加快我们的反应速度。在工作中总结出一套最为快捷的工作方式，提高自己的工作效率。每天安排工作计划，在规定的时间干完规定的事情，让自己每天都有成就感。把时间安排得满满的，让自己没有时间去犹豫。

当你犹豫的时候，不妨想一想，对手正在积极运作，你犹豫一秒钟，对手就已经和客户签单了，而你的努力辛苦就白费了。只要坚持一点点，争分夺秒，你就会有取胜的可能。

如果你有拖延的习惯，你可以命令自己："我现在要立即行动，再拖延下去就完蛋了。我要把所有的时间和精力都用在正事上。"在需要行动时立即行动，就会自然而然地克服拖延时间的习惯。

## 接近客户要有巧办法

我们在推销产品的时候，总是希望能够立刻让客户看产品，迅速作出购买决定，但客户往往会拒绝推销员的推销，一旦没有了推销产品的机会，更不用说成交了，那么，我们该怎样做，才能让客户接受我们的推销，进而接受产品呢？

乔·坎多尔弗也曾经为此事困惑过，因为他曾一度被客户拒绝，却苦苦找不到对方拒绝自己的原因。

有一天，乔·坎多尔弗去一位面包批发商那里做推销，当对方得知他是一名保险推销员后非常不高兴，还没有等乔·坎多尔弗说完开场白，对方就毫不客气地把他轰出了面包房。乔·坎多尔弗当时认为，这是因为自己在来之前没有和他预约，所以遭到了他的拒绝。

然而，他即使事先告知客户自己的预约目的，等他上门拜访客户的时候，也会看到客户那张冷淡的脸，他也同样被客户拒之于门外。这到底是为什么呢？这个问题一直在困扰着乔·坎多尔弗，直到有一天他在渡江的时候才恍然大悟。

那次，他站在轮船的甲板上，正呆呆地看着船缓缓地靠岸。就在船体碰击到岸边的时候，他发现，一名船员正在把一头系着一个棒球大小东西的细绳子抛向岸边，岸上站着的人伸出手臂接住，接着他一把把地把绳子往岸上拉，细绳连接的另一端粗缆绳也就被拉向码头，没过多久，船就慢慢地靠岸了。

此情此景，突然让贝特格想到了客户，船靠岸不正像自己一点点地接近客户、说服客户吗？那根细绳叫抛接绳，像棒球的东西叫猴子爪。没有抛接绳和猴子爪粗缆绳就没有办法被抛到岸上。而自己总是想抓住客户却只是把缆绳直接抛到岸上，却忘记了要用抛接绳和猴子爪。

他终于明白，自己想要让客户接受自己，接受自己的产品，就应该找到接近客户的方法，一点点地接近客户，让客户逐渐接受产品。

他后来查阅了大量有关怎么接近客户的方法，走访了许多有经验的老推销员，经过他的苦心研究，乔·坎多尔弗终于寻找到能够接近客户的好方法。

当然，接近客户的方法还有很多，我们在下边介绍一下几种比较常用的方法。

### 1. 形象方面一定要好

客户不喜欢那些看起来很邋遢的推销员，他们喜欢那些着装整洁、言行真诚、自然，能清晰客观表达的推销员。所以，作为推销员一定要把自己的形象工程搞好，让自己变得更精神，更有活力。

### 2. 直接登门拜访

直接拜访通常有两种形式：一种是事先已经和客户约好会面的时间，这种拜访是计划性的拜访，拜访前因为已经确定要和谁见面，因此，能充分地准备好拜访客户的有关资料。在电话预约的时候，可以客气地询问客户自己的来访是否给人家带来不便,你的礼貌言行,会让客户不好意思拒绝你。另一种是预先没有通知客户,直接到客户处进行拜访。直接拜访的目的在于找出潜在客户,并设法与关键人物会谈,收集潜在客户的资料。出于礼貌,不妨在客户楼下给他打电话说:"我是某某保险公司的推销员,我叫某某,现在在你的邻居家,你现在能和我谈上几分钟吗?"对方通常不会拒绝和你谈话,他们会问需要谈些什么,这个时候就是你接近客户的最好时机,你要准备好该怎么提问。

在直接拜访中,有经验的销售员通常能够在与潜在客户作面对面的交谈后,经过自己亲眼所见、亲耳所闻的实际体验后,能从购买欲望及购买能力的两个标准,判断出潜在客户是否能成为有望客户。

3. 使用礼物接近客户

推销员接近客户的时间通常非常短暂,所以,在短暂的时间里可以利用馈赠物品、免费品尝的方法来接近对方,以引起客户的注意和兴趣。比如,在日常生活中,我们发现许多上门来的推销员为了能很快与对方熟识,往往借助递给对方一支香烟,引起双方的亲近,这就是最常见、最典型的送礼接近法。使用这种方法时,推销员应注意,馈赠的物品要适当,方便客户拿取或品尝,使用的语言要热情、主动。

4. 利用商品接近客户

这是销售员直接利用商品引起客户的注意和兴趣,进而转入面谈的一种接近方法。让商品先接近客户,作无声的介绍,可使商品实现自我销售,这是商品接近法的最大优点。

比如,服装的珠宝饰物销售员可以一言不发地把商品送到客户的手中,客户自然会看看货物,一旦客户产生兴趣,开口讲话,接近的目的便达到了。

利用商品接近客户，需要一些条件：

（1）商品本身必须具有一定的吸引力，能够引起客户的注意和兴趣，这样，才能达到接近客户的目的。如果商品毫无特色，就不适合单独使用商品接近法。

另外，在实际销售工作中，不同的客户会注意商品的不同方面。有人关心商品的技术指标和性能，有人看造型和色彩。如人们所说：内行看门道，外行看热闹。因此，销售员应发挥商品优势，选用适当的接近方法。

（2）商品本身精美轻巧，便于销售员拜访携带，也便于客户操作。如果商品过于笨重、不便携带则不好利用商品接近法。比如一些推土机、重型机器等商品。但推销员可以利用商品模型、商品图片等作为媒介接近客户。

（3）必须是有形的实物商品，可以直接作用于客户的感官。看不见摸不着的无形商品或劳务，不能使用商品接近法，如理发、洗澡、人寿保险、旅游服务和电影入场券等都无法利用商品接近法。

（4）商品本身必须质地优良，经得起客户反复接触，不易损坏或变质。推销员应准备一些专用的接近商品，平时注意加以保养，以免在客户操作时出毛病，影响推销效果。

**5. 陈述利益接近客户**

商品的物美价廉是吸引客户的重要因素，也是客户寻求自身利益的关键所在。推销员可以利用客户追求利益的心理，在商品销售上给予客户某些利益或实惠，以引起客户的注意并激发其兴趣，从而顺利转入业务面谈。

这种方法符合客户消费中的求利心理，把客户购买商品时能获得什么样的利益直接摆出来，有助于客户正确认识商品，从而增强购买信心。

在实际销售过程中，许多客户掩饰求利心理，有时不了解情况，又不愿主动地问这方面的问题，阻碍了对商品能提供利益的认识。销售员点破这方面的问题，可以突出商品的销售重点，迅速达到接近的目的。

销售员可以首先强调商品给客户带来的利益，以引起客户的注意和兴趣，达到接近的目的。比如："这是我公司最新推出的新型石英多功能闹钟。它既可以摆在写字台上，外出旅行时，又可以合起来放到枕边床头，非常实用。它的功能就更不用说了，光闹钟设置方式就有好几种，既可以定时，还可以选定某年某月某天某时的闹铃，非常方便。振铃音响也有多种选择，以满足不同客户的喜好。除此之外，这种闹钟还有计算和记事的功能。在推广期间，我们还有价格优惠，可以给您打九五折。"

但是，在具体使用利益接近法时还应注意以下问题：

（1）商品利益的陈述必须实事求是，不可夸大，以增加客户的信任感。

（2）商品利益要具有可比性。推销员可通过对商品供求信息的分析，让客户相信购买该商品所能产生的实际效益，能有效引导消费。

### 6. 利用好奇心接近客户

销售员运用各种巧妙的方法及语言艺术唤起客户的好奇心，引导客户的注意和兴趣，达到销售的目的。例如，一位销售新型打印纸的销售员推开客户办公室门时，就对客户说："您想知道一种能使办公效率提高又能有效降低成本的办法吗？"这些想法正是一般办公部门努力追求的目标，而对主动送上门来的良计佳策谁不为之动心呢？当客户的好奇心被紧紧抓住以后，销售员应不失时机，巧用销售技巧和语言艺术，因势利导，强化客户的注意和兴趣，进而实现销售的目的。

### ✓ 乔·坎多尔弗销售心经

» 如果非要等到所有的条件都完美时才去做,那只有等下去什么都不做的份儿了。
» 若想拥有一个快乐的工作日,请务必记住"早起的鸟儿有虫吃"这句话,期待自己有好的开始。
» 在需要行动时立即行动,就会自然而然地克服拖延时间的习惯。

## PART16

## "日本首席推销员"
## 齐藤竹之助教你超越自我

> 靠坚定信念焕发斗志。动脑筋，想办法，不断创新，顽强地使推销获得成功，就一定能成为优秀推销员。
>
> ——齐藤竹之助

齐藤竹之助，1919年毕业于庆应大学经济学系。同年进入日本三井物产公司，后任三井总公司参事，1950年退休。1951年，已经57岁的齐藤竹之助为了偿还重债，进入保险业。

1959年7月，齐藤竹之助第一次实现了1.4亿日元的月销售额。其后，11月又创造了2.8亿日元的新纪录。也就是在这一年，他登上了日本第一的宝座，成为日本首席推销员。

1965年，他签下的保单件数创下了世界最高纪录，全年总共完成了4 988件保单。这个数目就算放在美国——当时人寿保险最为发达的国家，也还没有人能够达到。

## 专注于工作才能变得更专业

虽然齐藤竹之助已经一大把年纪，但他从来没有感觉到疲惫，他一直在争取获得日本首席推销员的称号。

早晨5点钟一睁开眼，他就立刻开始了一天的活动：躺在被窝里看书，思考推销方案；6点半便开始往客户家里挂电话，最后确定访问的时间；7点钟吃早饭，与妻子商谈工作；8点钟到公司上班；9点钟坐最喜爱的凯迪拉克轿车出去推销；下午6点钟下班回家；晚上8点开始读书、反省、安排新方案；11点准时就寝。

这就是齐藤竹之助忙碌的一天，他这一天都在一心一意、全力以赴地工作。只为做事本身，其他的不想，正是这种专注的精神让他每时每刻都在进步，让他取得了一个又一个大订单。

一天，齐藤竹之助需要乘地铁去一个较远的地方推销保险。因为公司离地铁站比较远，他必须步行到地铁站。等上车后，因为他把心思都放在推销计划上，结果坐过了站。碰巧那天口袋里没有带够乘车的钱，所以他只好步行往回走。

齐藤竹之助又饿又渴。到客户那里时，全身已经被汗浸透了。来到接待室时，嗓子干得都快冒烟了，幸亏秘书小姐及时端上一杯水，他一饮而尽，又要了一杯一股脑儿地喝光，这才发现自己不光是口渴了，肚子也饿得咕咕叫了。但一走进客户的办公室，他就完全恢复了那副神采奕奕的样子。

经过一个下午的会谈，客户终于同意投保，当客户在保单上签了字，齐藤竹之助走出这家公司时，天已经快黑了。这时，他才意识到自己已经有两顿饭没有吃了。经过饭店时，他的眼睛紧紧地盯着墙上的价目表——素汤面20元，他口袋里的钱只够得上吃这个了。"老板，来碗素汤面。"吃完面，他只好步行回家了，不过他心里并不沮丧，毕竟今天有所收获。

凡是成功人士的背后，都有着一段不为人知的艰苦奋斗历程。齐藤竹之助同样如此，他虽然年龄已过半百，但在遇到事业困难或遭遇瓶颈时，没有消极地等待，而是积极寻求解决的办法。争分夺秒追求进步，比别人多付出一点儿，多努力一点儿，下足工夫在推销上，最终收获了比别人更多的成就。

作为推销员要有一股专注的精神，专注地去工作。这种专注工作能够让我们更快地进步。每个推销工作都有一个营销经验曲线。正如任何重复性工作一样,在相邻的时间片段里重复该项工作的次数越多,就会变得越优秀。推销也不例外。你的第二个电话会比第一个好,第三个会比第二个好,依此类推。你将会发现,你的销售技巧会随着销售时间的增加而不断改进。

当然,专注不是说只盯着一件事做,而是说把这件事很投入地去做,把它做到最好,做到它应该是的那种样子。凡专精一艺,必有动人之处,专注本身就是幸福的。专注是有回馈的,所以专注的时候你要时刻感受到一种回应,找到这种感受,这种专注才是值得去做的。

况且人的精力是有限的,为了能够取得相对强大的竞争优势,就需要推销员集中全部精力投入到工作中,抓住一切可能的机会去争取成功,而专注的人更善于发现成功推销的机会。这样,推销员就更容易获得成功。

因为专注所以专业,因为专注你会收获更多。所以,从现在开始就不要让其他琐碎的事情打扰你的思路,充分安排好时间,在工作的时间绝不想私事,把琐碎的事情放在办私事的时间里。

每个人都有感觉疲劳的时候,不妨看看自己规定的时间表,想象一下还有一点点时间,你的工作还有很多,这能够激发你强大的动力继续工作。如果自己没有完成工作,给自己制订一个小小的惩罚措施,会让自己能更严格地按照时间表完成工作任务。

## "今天肯定会成功!"

要想成为一名优秀的推销员,要有多次遭到拒绝而不气馁,并坚持不懈的顽强精神。每天早晨要告诉自己"今天肯定会成功",然后满怀信心地开始一天的工作。不论你遭遇多少次失败，只要你能坚持继续努力、改善，总有一次，会有客户首肯并采纳你的计划。

在齐藤竹之助刚做推销员的时候，他制订计划准备向五十铃汽车公司开展企业保险推销。所谓企业保险，就是企业为员工缴纳的一种保险费，它包括预备退职金和当职工一旦发生意外时的保障金。可是，那家公司一直以不缴纳企业保险金为原则，并且当时不管哪个保险公司的推销员对其进行产品推销，他们都无动于衷，看来这实在是一个难以对付的公司。

齐藤竹之助想碰一碰这个硬钉子，他想，如果集中攻击一个目标可能会有效果。于是，他选择了总务部长作为对象去进行拜访。但是，对方却总也不肯与齐藤竹之助会面，去了好几次，他都以正在开会或正有客人等为托词，根本就不见他。但是，齐藤竹之助还是继续坚持耐心地拜访。

就这样过了两个多月，一天，齐藤竹之助终于得到了与总务部长见面的机会。走进接待室后，他抑制着自己内心的兴奋，竭力向总务部长说明加入企业保险的好处。紧接着他拿出早已准备好的资料、销售方案，热心地开始予以说明。不料，总务部长刚听了一半就说："这种方案，不行，不行。"然后，就站起身来走开了。

两个多月的坚持就换来了这样的结果，这让齐藤竹之助心中有一股说不出的气愤，他迅速地离开了那里，但他一回到家，就立刻坐下来，绞尽脑汁地反复推敲、修改那个方案。

第二天一大早，为了再次向总务部长提交新的销售方案和参考资料，齐藤竹之助又到那家公司去了。但是，总务部长再次以冷冰冰的语调对齐藤竹之助说："这样的方案，无论你制订多少带过来也没用，因为本公司有不缴纳企业保险的原则。"

齐藤竹之助闻言为之语塞。对方怎么能说出这样的话呢？昨天还说那个方案不行，所以自己才熬了一个晚上重新制订方案，现在却又说无论拿出多少方案也没用……齐藤竹之助几乎要崩溃了，但要成为"日本首席推销员"的意志给了他巨大的力量，同时他也为"能代表公司来搞推销而感到自豪"。

所以，齐藤竹之助一再这样告诉自己：与我谈话的对手，虽然是总务部长，但实际上这位总务部长也代表着这家公司。因此，实际上我的谈判对手是公司整体。同样，我也代表着整个朝日生命保险公司，我是代替朝日公司的经理到这里来搞推销的。而且他坚信：自己要推销的企业保险肯定是对这家公司是有益无害的。

这样想着，他的心情渐渐平静下来，说了声"那么，再见"就告辞了。

虽然这次推销失败了，将近三个多月的时间的苦战没有收到订单，但齐藤竹之助没有丧失斗志，他又开始了长期、艰苦的推销访问。从齐藤竹之助家到那家公司来回一趟需要6个小时，一天又一天，他抱着厚厚的资料，怀着"今天肯定会成功"的信念，不停地奔跑……就这样过了3年，前后大约跑了300回，齐藤竹之助终于完成了自己盼望已久的销售。

如果换成你，你能在对方公司根本就不允许的情况下，在根本就没有成功希望的情况下，还能坚持3年，等到成功的那一天吗？也许很多人在一开始就没有勇气向这家公司推销，或者在听到总务部长的话后立刻选择放弃了。

但是，从齐藤竹之助的身上，我们明白了什么是"一切皆有可能"，所以，当我们在推销中遇到挫折时，当我们认为自己的产品对这家公司绝对是有益处的时候，就坚定信念，坚持下去，你就一定会有成功的那一天。千万不要被挫折打败，把目光放远一点，抱着必胜的信心，朝着光明的前途勇敢前进吧。

同时，通过齐藤竹之助的经历，我们也深刻体会到，要想抓住身边的机会获得成功，推销员必须要做到以下几点：

遇事不发火、不性急。

具有坚强的毅力，不屈不挠。

反复研究、修改推销方案。

对本职工作感到自豪。

充分考虑到客户利益。

果断大胆地进行尝试。

只要你能长期这样坚持下去，并不断鼓励自己，告诉自己"今天肯定能成功"，你就离成功不远了。

## 越努力，越幸运

出色的推销员，都曾有过一段十分艰苦的生活经历。正是"天将降大任于斯人也，必先苦其心志，劳其筋骨"，而能够度过艰难困苦，闯过了难关，不断超越自身极限，才会让自己变得越来越强大，最终才会取得有目共睹的成功。

同样，作为日本首席推销员的齐藤竹之助，也曾经受过很多艰难困苦，但最终凭借着自己坚定的信念，勇闯难关，让自己变得更加坚强有力。

在齐藤竹之助搞推销后的第3个年头，他走过了一段非常艰难之路。

那一年，齐藤竹之助对某机械公司推销保险，并成功签订了1亿日元的事业保险销售合同。这次成功让他感到非常兴奋，因为这次他战胜了自己的竞争对手——某生命保险公司。当时，他们之间曾有多次非常激烈的竞争，最终他取得的这次成功真可谓来之不易。

当接到该机械公司第一次缴纳的保险金时，齐藤竹之助非常高兴，在饭店设宴招待了这次合同的参与者。那天的宴会大约花费了50万日元，当然，他认为这笔钱可以从不久即可到手的合同手续费中支出。但是，意想不到的事情发生了。那家公司不久就倒闭了，当然也就没有缴纳第二笔保险金。而齐藤竹之助却必须按照公司的规章制度，如数偿还那约50万日元的宴会费。

而这，把齐藤竹之助的奖金和全部工资都加在一起，还差得很远。当时他夫人也和他一起从事推销工作，但即便把她的工资也加到其中，还是不够。这让齐藤竹之助十分为难，一下子陷入了一筹莫展的绝境。

这个时候他绞尽脑汁也没有想到怎样能够偿还这笔债务，也许向别人借钱是唯一的解决办法，但他深谙借款的苦楚。他想到：如果现在自己就这样垮下去，从此一蹶不振，那一切都完了。不仅自己拖累了家人，也让自己的家人饱受痛苦。即便自己再继续做推销员，恐怕也只是一名忍辱含耻、拖拽着衰老身躯勉强度日的老年推销员罢了。

于是，齐藤竹之助顶着压力重新打起精神来，决心靠自己解决这个问题。他决定再向一个公司推销产品来还债。

但当时，已经是12月25日，离新年只有6天时间，并且如果还清债务，他必须要完成大约3 000万元的保险销售，而且一定要在新年到来之前完成。当时，他真是难堪到了极点。凛冽的寒风中，他匆匆忙忙地凭着两条腿到处奔波着。

齐藤行之助全力以赴地去奔走推销，脑袋里只有一个念头：无论如何要完成3 000万日元的销售额。他根本无心注意路上的风景，心里总是在想：绝不能把一家三口都引向绝路。况且，他还要做"日本首席推销员"呢……

终于，在12月30日那天傍晚他获得了成功，同一家公司签订了3 000万日元的保险合同。而这个时候，不管是哪家公司，都已经搞完了大扫除，所有新年的装饰也已经准备完毕。

齐藤竹之助兴奋不已，他一刻不停地赶回公司，缴纳了保险费，还清了50万元的借款，然后和夫人一起到银座去。那些昨天还无心观赏的商场、商店等，已经披上节日的盛装，五光十色，吸引着过往者的眼球。他同夫人在饭店吃了晚餐，又去商场为夫人选购了新年穿的服装，还给自己也买了一条新裤子，这才回家去，这一难过的年关终于完美渡过了。

正所谓"艰难困苦，玉汝于成"。不因失败而气馁，唯有渡过种种难关，不断超越自己，推销员才能变得异常坚强。如果你也正在面临这样的生活困境，不要再浪费时间抱怨和苦恼了，赶快行动起来吧，即便是绝境，只要你抱着必须胜利的决心去推销产品，只要你努力争取，全力以赴，就一定有绝处逢生的机会。

## ✓ 齐藤竹之助销售心经

» 作为一名推销员而生存就是我的第二人生。
» 自己既然以推销作为职业，这当然就是我唯一的目标。为了达到这个目标，不论什么事情，我都要努力干到底。
» 即将退休的人们，已经退休却每天过着不如意生活的人们，我要对你们大声疾呼，只要干，就能成功。正是第二人生，才是你完成光辉灿烂人生的时期，让我们共同努力吧！

PART17

# "推销明星"
# 克莱门特·斯通教你信念制胜

> 制定目标很有效。它增加了你的动力,迫使你选择优先重点并对自己负责。
>
> ——克莱门特·斯通

克莱门特·斯通,美国保险业巨子,创富学的第三代祖师,更是一代保险推销奇才。他一生都从事推销,既推销保险,也推销信念和成功的方法。他不仅是拿破仑·希尔基金会的主席,而且也是拿破仑·希尔晚年的挚友,他还是成功法则的受益者和推崇者。其创立的保险公司因为实践成功法则而在短期内使资产从3 000万美元跃升到9亿美元,从而成为应用成功法则最好的例子。

## 找到成功契机,百折不挠

为什么有的人永远处在起跑线上,而别人早已经冲过了成功的终点?因为有些人总是在更替成功的起点,在没有到达成功彼岸就放弃,选择重新寻找起点,而大把的时间也在这不断寻找中浪费掉了。而有的人则在踏出第一步的时候,就已决定永不停息,百折不挠,直到成功。

所以说,成功其实并不难,难的就在于你是否肯下决心。林肯曾经说过:"我不在乎你是否失败了,我关心的是,你是否满意于自己的失败。"很多时候,成功只需要你勇敢地向前迈上一步就足够了。

克莱门特·斯通从小就懂得了百折不挠能够给他带来更多的收获。

克莱门特·斯通6岁的时候就开始在芝加哥南区卖报纸，但一些人流最多的街角早已经被比他大且声音更洪亮的孩子占据了，如果斯通侵犯了他们的地方常常会受到拳头的威胁。但是，斯通没有因此而退却，而是在那段日子里学会了扭转劣势。他开始关注一些其他的地方，发现富乐饭店生意红火，是个卖报纸的好地方。于是他决定去这个饭店里试一试，他虽然胆子很小，且非常紧张，但还是走了进去。很幸运，他在第一张桌子旁卖出一份报纸之后，在第二张和第三张桌子上吃饭的客人也都买了他的报纸。但是，在他走向第四张桌子的时候，富乐先生把他赶了出去。

不过小斯通已经尝到了成功的甜头，他发现在这里报纸的销路实在很好。于是他又在富乐先生不注意的时候，偷偷溜进了饭店，走向第四桌的客人。这时，饭店里发出了哄堂大笑，客人似乎喜欢看他和富乐先生玩捉迷藏的把戏。

在第四桌吃饭的客人显然很喜欢克莱门特那种不屈不挠的精神，在富乐先生还来不及把他推出去之前就付了报纸钱，还多给了他一毛钱小费。克莱门特当时想到自己已经卖出四份报纸，还得了一毛钱"奖金"，心里的兴奋简直无法言表。

当富乐先生再次向克莱门特走来的时候，一位客人开口说："让他在这里好了。"就这样，五分钟后，他卖完了所有的报纸。

第二天晚上克莱门特又走进了那家饭店，而富乐先生拎着他的衣服把他拽出了饭店。但他并没有就此放弃，当他再度走进去的时候，富乐先生两手上举，表示投降，无可奈何地说："我真拿你没办法！"后来，他们成了非常好的忘年交，克莱门特在他的饭店里卖报纸，也就不再有什么问题了。

正是斯通百折不挠的精神征服了客人,也为自己赢得了一个理想的卖报纸场所,而这些对于小斯通来说是多么成功的事情,这件事情也因此深深触动了斯通,让他明白,想到达到什么目的,就百折不挠地去争取。

多年后,已经成为一个"保险王国"老板的斯通,分析自己小时候那次卖报的行动,得出了下面几个结论:

(1)他需要钱。那些报纸如果卖不出去,对于他来说都是一文不值的废纸,因为他看不懂那些报纸,并且当时他急需钱,如果他的报纸卖不出去,他就要把买报纸的本钱赔进去。而这对于6岁大的男孩来说是个非常大的问题,这个问题足以促使他去想办法努力把报纸卖掉。因此,他具有成功所必须具备的"行动激励"。

(2)当他第一次成功地在饭店中卖出三份报纸后,尽管他知道自己再走进饭店,老板一定会再赶他出来,让他难堪,但为了卖报纸,他还是走了进去。三进三出之后,他已经学到了在饭店里卖报纸所必需的技巧。所以,他得到了其中的"方法诀窍"。

(3)他知道他要说些什么,因为他已经学到了一些大孩子的叫卖方式。他所要做的,只是走近一个客人,以较柔和的声音重复说出那些话。他也具有卖报所需要的"行动知识"。

这些技巧,后来被斯通发展成为一套可以获得成功的定律,帮他以及很多人获得了无数的财富。

在推销工作中,想要让自己能够永不失败,如果你能够记着这三项最重要的因素——行动激励、方法诀窍、行动知识,你就能很快获得巨大的进步。

其实在很多时候,我们之所以失败,并不是成功离我们非常遥远,而是我们没有全力以赴罢了。我们不如向小斯通学习,百折不挠地去争取成功吧!

## 积极乐观可赢得一切

　　一个人能否成功,关键在于他的心态。一个积极乐观的人能够勇敢面对遇到的各种困难,不断进取,充满动力;而一个总是处在消极情绪中的人则总是在考虑着可能失败,而越是这样想,他离成功越遥远。对于推销员来说,拥有积极乐观的心态是非常重要的,它能帮助我们尽快走向成功。

　　克莱门特·斯通就是个拥有积极乐观心态的人,正是这种人生态度让他敢于挑战,也让他赢得了期望中的成功。

　　16岁那年,斯通就开始替母亲卖保险。卖保险的第一天,他按照母亲的指点,来到了一幢办公楼前。但是该怎么开始向人推销保险呢?他没有一点儿头绪,在楼下徘徊了一阵后,他还是有些害怕,并打算回去。

　　但是,他最终没有放弃,他一面还在发抖,一面又默默地对自己说:"当你尝试去做一件对自己只有益处而没有任何伤害的事时,就应该勇敢一些,而且应该立即行动。"

　　于是,他最后还是毅然走进大楼。在一间办公室遭到拒绝后,就毫不犹豫地敲开下一间办公室,不断地劝说人们买他的保险。

　　那天,他几乎跑遍了办公楼内的所有办公室,结果有两位职员购买了他的保险。

　　斯通正是凭着自己高度的乐观、自信和上进心,凭着鞭策鼓励自己的内动力,克服了害怕遭人白眼和被拒绝的心理障碍,勇敢地向每一个他遇到的陌生人推销自己的商品,他也因此取得了成功。

　　在克莱门特·斯通20岁那年,他只身来到芝加哥,并在那里开设了一家保险代理公司。在公司开业初期，生意十分红火，公司的信誉和前景被当地人看好。克莱门特·斯通也依靠辛勤拜访客户和自我激励，达到了在别人看来几乎是不可能达到的销量。

随着公司经营规模的不断扩大，他又雇佣了一批推销员，帮忙开展业务。但是，好景不长，正在他的保险代理公司蓬勃发展的时候，全国出现了经济不景气，没有人肯花钱买健康保险和意外保险了。

为了能够帮助雇员克服困难，他向推销员们讲述自己的亲身经历，并告诉他们成功的两条秘诀：一是在遇到困难或处于困境时，如果能用坚定、乐观的态度来对待，就可以从中获益；二是推销能否成功取决于推销员，而不是客户。

并且，他还编写了鼓励大家要乐观起来的讲义，结果他的公司很快就蓬勃发展起来了。几年后，他便成了一位年轻的百万富翁。

可见，积极乐观的态度难能可贵，它是成功与否的关键因素。也许有的人会说，别人成功，是因为他们比自己聪明且比自己运气好。其实，聪明和运气都不是获得成功的必然因素。试想一下，那些做得好的人真的比别人聪明吗？其实不然，原一平没有什么先天的销售优势，但他能成为销售大王。

任何成功的因素都取决于内在的动力，态度一旦乐观，就有了动力去改变自己的消极行为。那么，怎么让自己不被消极情绪影响，培养乐观心态呢？

**1. 学会辩证地看待问题**

任何事物都有正反两面，看到困难的同时也应该看到机会，事物的发展规律就是波浪式前进、螺旋式上升的。推销员也是在实践中一点点积累经验，在一次次地被客户否定之后仍不断摸索找到新的方法之后成长起来的。只有历经风雨才能见到彩虹，只有经历了苦寒的考验才会有梅花的芳香。

## 2. 在工作和生活中发现事物发展的规律

我们都知道塞翁失马的故事，它告诉了我们一时的损失，也许并不一定是坏事，反而因此能得到好处。当然，好事也有可能会变成坏事。

比如，推销员没有完成季度任务受到老板批评，也没有发到奖金，这是一件糟糕的事情，但如果这让推销员认识到自身存在的缺点和差距，转变了工作态度、学习业务技能、在领导的帮助下改进了工作方法，那么，他下个月的业绩就一定会提高了，这样坏事就又变成了好事。

推销员的乐观要建立在对销售流程和成交规律的正确认识上，要把握好度，不要过于乐观，也不要过于悲观。根据推销规律，在刚开始推销的几个月里，往往业绩不会很好，在开始你就给自己定下过高的期望，就容易因为受挫而大受打击。当然，也不要让自己的期望值太低，否则很容易实现，就容易导致自己的自满，没有前进动力。

工作中要善于总结失败的教训，掌握成交的方法，而不能以无所谓的态度从失败走向失败。

乐观的人一定要有自信，要相信人定胜天，然后，乐观地去面对客观现实，实事求是地一步步努力争取，直到成功。

## 3. 培养科学人生观，掌握正确的思考方法

人生中总有得有失，不要太在意得失，要懂得知足常乐。凡事往好的方面想，虽然推销工作很辛苦，也要学会苦中作乐，学会自我安慰。告诉自己：世界上很多的伟大的推销员也是从基层的推销员做起的，我走的也是一条伟人之路！

要了解自己、喜欢自己、学会自立自强。

曾经的成功或失败都已经成为过去，现在和未来是我们所拥有的，也是我们能够改变的。有很多老的推销员都有自己成功的经历，

就天天把"当年勇"挂在嘴边。随着环境的变迁,当年的方法在现在行不通了,现在的业绩一落千丈,巨大的落差使得这些推销员失落、痛苦、怨天尤人。乐观对于他们来说是什么?是振奋精神、从头再来的勇气。获取成功快乐的途径是什么?学习、不断地学习。

寻找一些拥有乐观性格的朋友,他们会潜移默化地影响你的心态。

积极进行自我暗示。告诉自己:"我是最棒的!""我一定会成功!"看喜剧电影、听欢快的歌、做自己喜欢的事等都是不错的自我激励的办法。

总之,销售员要相信自己、正视挫折、挑战困难、磨炼技能、积累经验、走向卓越。这条道路虽然曲折,但前途充满光明。

## 越是畏惧,越应该进去

销售不佳的原因有缺乏销售技巧、欠缺产品知识或行动不足。但是,如果这些方面都不能解释销售不佳的原因,真正的原因很可能就是胆怯。

进行推销工作的时候,推销员必须要推销自己。必须愿意自我推销,让别人了解自己的工作,并且争取他人承认自己的工作。如果一个推销员对向外人展示自己感到犹豫不决,就表明他有自我推销恐惧症。这种胆怯心理大多数推销员心中都会或多或少地存在一些,尤其是当推销员要去一个非常大的机构或者和非常重要的人谈业务的时候。因为压力很大,畏惧的心理就更强烈。但是,如果推销员不能克服这种畏惧心理,这种心理就会限制推销员与潜在客户的交往次数,最终影响推销业绩。

在斯通推销保险的前几年中，每当他走近银行、铁路局、百货公司以及其他大型机构的大门时，都会感到特别畏惧，经常不敢进门。但是后来经过一件事情后，他发现这些地方，蕴藏着更多的商机，更容易获得成功。

斯通19岁时，母亲派他去密歇根州佛林特、沙吉那和港湾市重新签订合约，并向新客户推广。在佛林特一切都很顺利，在沙吉那更为顺畅，每天都推销出很多保险。因为在港湾市只有两个合约要续签，所以，斯通便写信给母亲，请她通知他们缓一点时间去续约，好让他继续在沙吉那工作。但是他母亲却打电话来，命令斯通离开沙吉那前往港湾市。他真的不想去，但还是去了。

或许是出于叛逆心理，斯通在到达港湾市的旅馆之后，便把那两个要续约的人的名片取出来，丢进五斗柜右上角的抽屉里。然后前往一家最大的银行去拜访出纳利德先生。那时，利德先生刚刚被提升为出纳，斯通还不认识利德先生。在谈话过程中，利德先生拿出一块金属识别牌说："我已经买了你们的保险并获得钥匙15年了，以前还在安阿博市的一家银行工作时就买了你们的保险，我最近才调到这里来。"

斯通知道后，谢了利德先生，并请利德先生准许他和其他人谈谈，利德先生答应了。斯通让每一个人都知道利德先生已经接受他们的服务已经有15年之久，并且还被准许和利德先生谈话，结果大家都买了他的保险。

在这种动力之下，斯通继续下去，挨家挨户地推销。他拜访银行、保险公司和其他大机构里的每一个人。就这样，在港湾市的两个星期里，他平均每天卖出了48份保险。这比他挨家挨户地去拜访小商户获得的订单要多得多。

通过这件事，斯通也明白了一个道理：做你畏惧去做的事，去你害怕去的地方，不选择逃避，成功的机会会更多。

的确，逃避就等于错过一次获得成功的机会，要想去推销，就不要去逃避，既然选择了推销这一行，就要无所畏惧，尤其是向大机构推销，其实更要抓住机会，因为这些地方也是其他的推销员所畏惧的，谁进去了，谁就抓住了成功的机会。

况且，大机构里面的管理者和职员对推销员的抗拒程度要比小商号里面的人低得多。此外，成功人士，特别是那些经过自己的艰苦努力从基层一步步走向领导岗位的人都是非常富有同情心且很礼貌的，他们一般不会对你的推销感到厌恶，很多情况下反而会怀着一颗仁慈的心来接纳你，并给你一次机会。多和他们交流，他们是愿意帮助那些努力向上的人的。

## ✓ 克莱门特·斯通销售心经

» 其实在很多时候，我们之所以失败，并不是成功离我们非常遥远，而是我们没有全力以赴罢了。

» 一个人能否成功，关键在于他的心态。成功者与失败者之间有一个明显的区别，那就是，成功者拥有的是积极的心态，而失败者刚好相反，他们一般都是心态消极者。

» 我向推销员们讲述我自己的亲身经历，并告诉他们成功的两条秘诀：一条是，在遇到困难或处于困境时，如果能用坚定、乐观的态度来对待，就可以从中得益；另一条是，推销能否成功，决定于推销员，而不是客户。

» 你的下意识具有你所知道和不知道的力量，你必须控制这些力量以战胜自己。

## PART18

## "商界铁娘子"
## 董明珠教你成为别人追赶的对象

> 越是单纯的东西，越是需要付出百倍的努力去捍卫它，把一种单纯的信念贯穿于生活之中，往往需要付出并不简单的代价。
>
> ——董明珠

董明珠，珠海格力电器股份有限公司董事长，全球最具影响力的 50 名商界女强人之一，影响中国管理的十大女性之一。自 1994 年年底出任格力电器股份有限公司经营部部长以来，她领导的格力电器从 1995 年至 2005 年，连续 11 年空调产销量、销售收入、市场占有率均居全国首位。2016 年，董明珠卸任珠海格力电器股份有限公司董事长、董事、法定代表人职务。

## 为事业而奋斗才更有动力

最伟大的推销员不是拥有多么好的销售技巧的推销员，而是拥有一颗充满善良和智慧的心，拥有优良的道德准则，拥有成功的人生信念的人。诚如罗马不是一天建成的，成功也不是一蹴而就的，伟大源于对生命价值的不懈追求，实现自己理想的人生才是完美的人生。

1992 年，董明珠负责安徽的空调营销业务，当年销售了 1 600 万元，让格力电器管理层刮目相看。当年秋天，老总朱江洪获悉安徽的销售额为 1 600 万元，而富裕得多的江苏竟然只有 300 万元，于是决定亲赴华东考察。

在那里考察的日子，董明珠的精明能干给朱江洪留下了深刻印象，特别是经过一番长谈后，朱江洪发现，这位中年女子有着与常人不同的营销理念，和大多数一心只打自己营销提成算盘的业务员不同，他眼前的这个人时刻站在公司的立场上，与公司发展荣辱与共。具有这种责任心和事业心的人，才能为公司发展尽心尽责。在相互接触的短暂时间里，朱江洪认可了董明珠，而他的确慧眼识珠。

后来朱江洪让其负责江苏市场，结果董明珠没有辜负公司老总的赏识。1993年，格力电器在江苏的销售额翻了10倍，达到3 650万元。加上安徽市场，董明珠一个人销售了5 000万元，占到整个公司销售额的1/6！

1994年10月，董明珠带着3年2亿多元的销售成绩回到珠海格力电器总部，走马上任，成为经营部副部长。

但是，董明珠的升迁之路并非平坦。朱江洪许诺董明珠的是让其出任主管营销工作的经营部长。但这项任命在公司高层却遇到了强大的阻力，一些人只同意让董明珠当副部长。他们心里盘算的是，董明珠做业务员每年销售提成高达几百万元，现在到总部满打满算只能挣几万元，按照常理，舍弃几百万元收入而屈就在营销部当一个说话不管用的"副部长"，没有谁愿意接手这个工作。

但董明珠的做法出人意料。她不但欣然接受了没有实权的副部长的职务，还有滋有味地干了起来。那段时间里，董明珠拼命工作，加班加点，几乎忘记了休息时间，即使睡梦里，她仍在设计着格力的营销事业。在这样半梦半醒的状态下，脑子里一出现什么想法，她就会从床上跳起来，拿起本子记下所思所想，甚至还给同事打电话讨论一番，她的努力最终化成了推动销售增长的生产力。

她曾说过这样一段话："我做的一切事，都是为了证明自己的能力。我想我们如果能像日本、韩国一样，每个人都在岗位上忘我工作，认真去为一种民族的精神努力，国家就会富强。"

董明珠就是凭着不认输，做就做好的执着，奋力工作着。她刚当经营部副部长不久，就迅速发现了公司管理中的问题，但是，想要解决问题非她一个人的力量能做到的，也非她所在的一个部门能完成的，她在不断的斡旋和斗争中一步步走上了管理中的高层，排除了企业中一些经营弊端，让企业越做越大。

人活着就应该有理想，理想并不空虚、空洞，理想的另一端就是自己的价值归属点。在实现理想的旅途中，价值也就逐渐显现了，能够实现自己的人生价值，就是成功。

同样，做推销不仅仅是为了糊口，要把它当成自己生命中不可或缺的一份事业，像对待自己的孩子一样去对待自己的事业，只有这样的态度才能有强大的动力推动你不断前进，动力不竭。

## 成功来自时间的磨砺

成功不可能一蹴而就，任何一个成功的推销员都会经历"失败—成功—失败—成功……"这一过程。他们在成功和失败之间不断地摸爬滚打，在经历了漫长的时间后，才能最终走上成功之路。

实践出真知，也许你没有推销的过人天赋，但只要你有坚强的意志，能够坚持在这个行业做下去，并且勤奋努力，勤思考，经过一段时间的积累，你也会有所收获的；也许你没有与客户打交道的能力，但既然选择了干这一行，就去改变自己，适应这个行业，用时间把自己磨炼成最合格的推销员。

董明珠在跟着老业务员学习得不亦乐乎的时候，总部突然派她接手安徽市场。董明珠对安徽市场的状况一无所知，对自己能否成功也没有任何把握。但是，既然不可避免，那就还是努力吧。董明珠给自己打足了气，决心拿下安徽市场。

没想到刚到安徽，董明珠的第一件事就是追债。俗话说"欠钱的是大爷，借钱的是孙子"，何况，董明珠又恰恰碰到了一个无赖。能否把钱要回来，董明珠只有信心，没有经验，更谈不上有什么技巧。但是，她那耿直的性格告诉她：欠债还钱，天经地义，难道对方能把钱赖掉不成？

她知道要债不能太急，就先和欠债方聊起了格力空调在这边的销售情况，以及对方对格力产品有什么看法。等她觉得时机差不多了，就说："因为我初来乍到，不熟悉前任业务员的业务情况，为了我们能有一个重新开始，先把我们双方在前一段时间里合作的情况，拼一下盘，对一下账，把前面的账结清，你看怎么样？"

对方老总听说要对账，脸上立刻露出非常吃惊的样子，说："对什么账？我代销人家的几百万、上千万的产品，压在库房里，也没谁敢说要对账，看你也是个新手，以前做过生意吗？我告诉你，做生意就是这么一回事，你给我一批货，卖完了我付给你钱，就这么简单，有什么账好对的？"

对方的无赖嘴脸让董明珠一时间不知该怎样处理，这是她头一次碰到这样的人。最后她决定用"磨功"来对付：不给我钱，我就跟你耗，躲着我？我就天天到你办公室，不信你永远不露面。

董明珠向来是很倔强的。其实，要债这件事情，是前任业务员留下的问题，不关她的事，但她既然已经开始了，就不准备放弃。

董明珠整整坚守了40多天，这40多天里，对方要么不到办公室来，要么答应第二天退货，到了第二天却又找不到人了……可谓什么招数都使出来了，目的只有一个：不还钱，也不退货。

有一天，他答应让董明珠把库房里的格力存货拉回去，当时天快黑了，双方便约定第二天到库房拉货。第二天一早，董明珠租了辆车赶到这家公司的时候，却发现大门紧锁，一个人也没有。一问才知道国庆节放假三天，董明珠气得两眼发黑，要知道，国庆节虽然是国家法定节假日，可这个时期正是商家忙着卖货的时候，怎么可能放假呢？明显是欺骗。

此时，董明珠站在这家公司门口，感到从来没有过的压抑和孤独。她到底在做什么？她为什么要这么做下去？她这么做值得吗？如果她能够把那些存货拉回公司，别人还能知道她是为公司作了贡献，如果她失败了呢？又有谁能知道她这些天所受的委屈？这笔烂债本来就不是她的责任，她花几十天时间盯在这里要债，没法去推销产品，又有谁来为她分担在时间和金钱上所受的损失？暗自伤心了一会儿后，董明珠心情冷静了下来。她想，既然国庆节三天没法追债，那就先趁着这个空当，先去别的地方与别的客户打交道吧。

国庆节过后，董明珠又是天天去找对方老总。终于有一天这家老总被她堵住了。一见面，董明珠就先发制人，批评他不守信用。老总继续推托："没有车，明天再说吧。"董明珠说自己已经雇好了车。老总又说手下人不同意退货，还需要时间做他们的思想工作。这话终于激怒了董明珠，她失声大叫："你是不是总经理？！你当面讲的给我退货，怎么又说话不算数了？从现在起，你走到哪里我跟到哪里！我不像你，绝对说话算话，不信咱走着瞧。"

董明珠坚决的态度震住了对方，对方赶紧摆手说："行了行了，算你凶，明天退货给你。"

董明珠第二天一大早，雇了一辆五吨的东风车，直接开到了那家公司的门口。这一次对方没耍花招，她顺利进入了仓库。她亲自带领工人搬货。一些货明显不是格力的，也被她搬上了货车。最后，直到她觉得装上车的"退货"抵得上那40万元的货款时，才终于罢手。

车发动的那一刻她长长地舒了一口气。临走时，她从车窗探出头，眼睛里流下了泪水，她冲着对方大喊："从今往后，再不和你做生意了！"

到珠海后，扣掉格力的40万元货品后，剩下的货品她又让经销商到珠海来拉走。董明珠说："把多的货还给他，是我不想占他什么便宜，同时让他来珠海拉走，是对他不诚信的惩罚。"

这漂亮的一仗，也让格力的管理层注意到了董明珠，董明珠称自己的做法当时令业界不少人刮目相看。

这一年，董明珠经历了她人生中最难的一段时间。也正是这段艰难的磨炼，使这个原本淡雅和气的女子，成为了以后的商界女强人。她像鹰一样，获得了重生。

磨难能够使人迅速成长并成熟，磨难是推销员成功路上的基石，只要勇敢地付出自己的时间和精力去全力以赴，你会发现成功并不那么难。

有的人害怕耽误自己时间，结果还是导致了失败。其实，既然做决定就应该把它做好，不要考虑太多付出，因为一切成功都不是一蹴而就的，都是需要付出时间和精力的，在磨砺中我们才能不断成长，不断进步。

要经得起时间的磨砺，不要半途而废，选择就一定要全力以赴争取到成功的一刻，让自己在时间的磨砺下放出更耀眼的光芒。

## 时刻掌握主动权

人的一张脸就像天气预报，有时万里晴空，有时阴云密布，遇到不同的事变得最快的就是人的脸色，做推销一般都是客户给推销员脸色看，但一个懂得推销的职业推销员做推销的时候却很少看客户脸色行事，而是善于在客户面前巧妙变脸：发现客户做错了，说翻脸就翻脸；发现自己做错了，说认错就认错！

很多推销员认为多看客户脸色，这样才是灵活，才能审时度势无往不利。但是，这样有时候容易让自己被动。而一个推销高手能够想办法让别人看自己的脸色，时刻把自己放在主动的地位，追求推销行为的有效性。

时刻掌握主动权是董明珠的做事风格，在格力和国美的较量中，就体现了这一点。

2004年2月，大地回春的季节，空调市场也在逐渐进入启动期。一向秉承"薄利多销"原则的国美，在未经格力允许的情况下，成都的国美店便将格力空调进行了私自降价。正在北京参加全国人民代表大会的董明珠得知消息，感到非常吃惊，她断然下令：

停止向国美供货。

在一些专家看来，格力这样的举动有些冒险，因为国美这样的家电销售巨头拥有源源不断的货源，国美一旦把格力扫地出门，格力将很难在销售环节再有大的作为，特别是双方的反目以格力为主导，更会加剧这一矛盾的激化。从市场开拓的角度看，作为家电企业的格力必须与国美合作才能创造更大的商业价值，提升其市场份额。

然而，董明珠没有这样认为，她反而提出惊人看法：和国美、苏宁这样的大型零售连锁店合作，对很多制造企业来说只会死得更快。

此言一出，石破天惊，舆论一片哗然。然而，事实胜于雄辩，撤出与国美的合作后，格力的销售额不但没有下降，反而一路飙升，一直处于国内空调行业的龙头地位。

制造商与销售商本来是一对矛盾统一体，在格力与国美合作中出现的一次次波动中，每一次波动，董明珠都寸步不让，坚持自己的原则，这些原则也逐渐成为格力在空调业界独一无二的原则。

2008年2月17日，成都国美店对几乎所有品牌空调进行大幅度促销活动，其中有一款格力空调降至1 000元，为所有品牌空调降价之首。

这次突然降价给格力四川分公司造成很大损失。格力认为此降价活动损害了自己"高质量"的市场形象，同时，因为格力在四川有几百家经销商，国美的突然降价给其他经销商带来了极大混乱，格力不得不拿出很大精力来处理与经销商的关系。所以，董明珠要求成都国美店正式发函，要求立即停止降价行为，向格力道歉，并声称如果要求得不到满足将停止供货。

这一次格力公司更加强硬地提出，国美在格力销售渠道中是重要一员，但"并非必不可少"。格力停止了向成都国美店供货，国美的特价促销空调很快销售一空，加上格力停止供货，国美的格力空调库存随即告罄。

经过一番论战，成都国美店向格力电器发函致歉：对因降价对格力空调品牌和渠道造成的损害深表歉意，并答应立即恢复格力空调的正常价格。这次退场事件最终以董明珠的方式取得了圆满解决。

能够取得这样的结果，不能不说是因为董明珠坚持原则不放，变被动为主动带来的。与占有垄断地位的国美交锋其实是为了获得平等权利。有时候规则是由占强势地位客户一方制定的，但当这个规则若损伤到己方的利益时，己方则应坚持自己的原则，主动出击，寸土不让。董明珠以自己的魄力以及本企业的发展态势影响了客户方的旧有规则，取得了胜利。

对于销售人员来说，善于主动出击，让客户朝着自己预想的方向发展，这样才能更快地获得成功。销售人员应该学会主动提出成交。在推销产品的时候有些销售员害怕提出成交要求会遭到客户的拒绝，因而迟迟不敢提出成交。这种因担心失败而不敢提出成交要求的心理,其实一开始就使销售人员处在劣势地位了。如果销售人员不能学会接受"不"这个答案,那么这样的销售人员是无所作为的人。

美国施乐公司前董事长彼得·麦克说:"推销员失败的主要原因是不向顾客提出成交要求,就好像瞄准了目标却没有扣动扳机一样。"所以,当时机成熟的时候,销售人员就不要犹豫,否则就错过了大好的成交机会。

总之,推销的过程需要我们有挑战精神,有迎难而上的勇气,像董明珠那样主动出击,让局面朝着自己想要的方向发展。

### 董明珠销售心经

» 没有亏损的行业,只有亏损的企业。
» 经商三道:
商道:既要适应市场,更要创造市场,掌握市场变化,才能取得更大话语权;
棋道:经济活动中的"博弈",不是谁吃掉谁的问题,而是通过合作取得共同发展;
业道:做百年企业,其实就是做人,一个与企业息息相依,生死与共的人。
» 即使在和局里,每个人也是可以创造出新局面的,人的价值的实现并不在全局的改变,而在局部的创造。

PART19

## "华人首富"
## 李嘉诚教你把握机会

> 随时留意身边有无生意可做,才会抓住时机把握升浪起点。着手越快越好,遇到不寻常的事发生时立即想到赚钱,这是生意人应该具备的素质。
>
> ——李嘉诚

一个只读完初中的人,一个茶楼的跑堂者,一个五金厂普通的推销员,经过短短几年的奋斗,一跃成为香港商界的风云人物,乃至香港首富。这看起来有点像天方夜谭,却是不折不扣的事实。创造这一商业神话的人便是后来被誉为"香港超人"的李嘉诚。

## 有勇气抓住机遇

在人生的道路上,人人都渴望成功。可结果往往是有的人能够成功,有的人成功却始终只是一场梦。有人因勤奋而成功,有人因机遇而成功。那么在走向成功的路上,勤奋和机遇两者比较起来,那一点更为重要呢?

1946年上半年,香港经济迅速恢复到战前最好年景1939年同期的水平。此时,战时遭破坏的工厂商行都已经逐渐恢复生产营业,人口也因此激增到一百多万,街头市巷日益繁华。

在这些恢复生产经营的工厂商行中,中南钟表公司也顺利地发展壮大起来,该公司在东南亚的销售网络重新建立起来,营业额呈现几何级数递增，李嘉诚的舅父庄静庵正在筹划着办一间钟表装配工厂，再扩展为自产钟表。

李嘉诚看好中南的前景，更为香港经济巨变而兴奋不已。他站在维多利亚港湾边，眺望尖沙咀五彩缤纷的灯光，陷入沉思：今后的路该怎么走？

要么在舅父的荫庇下谋求生活；要么就自己去闯荡社会，那样，他的生活一定非常艰辛，并且充满风险。

在那个时期，社会商品日趋饱和，厂家竞争激烈，生产出的产品非得竭力推销出去才能产生效益。所以，执产业牛耳者多是推销大师。

李嘉诚也想到了做推销员，他最后决定选择后者，自己做推销闯荡生活。因为他喜欢做充满挑战的事，想趁年轻的时候，多学一些谋生的本领，拓宽视野，增长见识，为今后做大事业打下坚实的基础。

1946年年初，17岁的李嘉诚毅然离开发展势头正好的中南公司，去了一间小小的名不见经传的五金厂，做起行街仔(推销员)来。同事们都对此感到非常不解，他是老板的外甥，又是一个非常有本事的青年，在公司里发展可以说是前程无量。都说"人往高处走，水往低处流"，而他却怎么往低处走呢？

其实，他的这一次往"低处走"，心中是有自己的宏伟计划的，但没有人知道他这么小就有如此独立思考的能力。他心念已定，但就是不知道该怎么向舅父开口。

五金厂的老板，跟庄静庵曾有业务上的来往，李嘉诚便请求店老板出面与庄静庵交涉，请求庄静庵"放人"。庄静庵与李嘉诚恳谈过一次，并设身处地站在李嘉诚的角度看问题，而且当年庄静庵自己也是一步步由打工仔变成老板的。

李嘉诚眼下还不会独立创业，但他迟早会踏上这一步的，舅父更深一层了解了嘉诚与众不同的禀赋。就这样，李嘉诚开始了"行街仔"的生涯。

李嘉诚想得非常长远,他很清楚自己现在还不是享受的时候,自己想要实现远大的抱负,还需要历练,如果趁着年轻不去锻炼,以后就可能错过大好的发展时机。正因为如此,他毅然决然地放弃了舒适的工作环境,选择去做艰苦的事情。

机遇是什么?是对人有利的时机和境遇。机遇是一个人发展的运气!机遇的时间性很强,机遇往往是偶然出现的,稍纵即逝,永远只能留给那些像李嘉诚那样有准备的人。

当然,在生活中有些有抱负的人也在积极地准备,但是,他们因为性格懦弱,不敢面对可能面临的困难,结果安于现状,举足不前,他们眼睁睁地看着时间流逝,大好的机遇白白错过,遗憾终生。

机遇不是那么容易被抓住的,对于任何人来说,它都是一次严峻的考验。机遇不仅需要我们有坚实的功底和知识储备,更需要我们在看到机遇的时候,能够拿出拼搏和应战的勇气来。

在大多数人眼里,一个17岁的男孩放弃舒服的生活且有很好发展前景的工作,选择自己去做推销员是一件冒险的事情,但是李嘉诚没有丝毫畏惧。正是因为他拥有了敢于冒险、不怕失败的拼搏精神,才能抓住锻炼自己的机会,让自己的青春画上了五彩缤纷的色彩。

但是,这里要强调一点是,我们所说的冒险,不是拿生命做赌注,而是证明你在博弈中是对的。冒险的前提是要有理智的判断,而不是凭一时的"意气风发"。如果没有一点儿把握,就要去冒险,那只能是盲目的行动。真正的冒险是建立在科学分析、理智思考和周密准备的基础之上的。

## 善于观察，才能发现机遇

机遇不是等来的，需要我们用心去观察和发现。

李嘉诚在五金厂做推销员的时候，主要任务是负责白铁桶的推销工作。当时，推销的对象主要集中在卖日杂货的店铺，李嘉诚一入行就感到"千军万马过独木桥"的竞争。于是，他采取避实击虚的直销方法去进攻。

他先是通过观察，看准了酒楼旅店是要常常使用白铁桶的，他发现在酒楼旅店里直销是个不错的选择，一来直销价格比酒楼旅店到市场去买要便宜，二来送货上门节省了客户的时间和精力。而且当时直接去酒楼旅店里做直销的人还不多，于是，他集中精力对这些酒楼旅店展开了攻坚。

结果这一招轻而易举获得了成功。有一次，李嘉诚在一家旅店，一下子就销出100多只白铁桶，销售业绩十分惊人。

另外，李嘉诚对家庭散户也做了细致的观察和研究，他发现，当时高级住宅区里的家庭大多数使用的是铝桶而不是白铁桶。于是，李嘉诚就把推销的矛头指向了中下层的居民区。

但是，即便中下层居民区，一户家庭通常也只使用一两只铁桶，销售潜力远不如酒楼旅店。但是，他发现家庭散户有一个酒楼旅店所无法比拟的优势，那就是中下层居民较多，如果每家能够买一个铁桶，加起来的数量也会变得非常庞大了。但是，这个销售市场非常分散，怎样更容易地占领这个庞大市场呢？李嘉诚开始时一筹莫展，他苦苦思索着。

有一天，李嘉诚看见几个老太太正围坐在居民区的椅子上择菜聊天，突然他觉得茅塞顿开，便心生一计。他将进攻目标主要锁定在老太太身上，专找老太太卖桶。他是这样盘算的：只要卖出了一只，就等于卖掉了一批。因为老太太都不上班，喜欢串门唠叨，自然而然就成了他的义务推销员。这一招又大获成功。

正是他在工作中能够不断地分析和观察，善于抓住商机，结果创造了一个又一个销售奇迹。

在之后的推销生涯中，他逐渐发现了新的市场前景。

20世纪40年代中期，塑胶工业在发达国家兴起。香港作为全方位开放的世界自由贸易港，市面上很快就出现从欧美输入的塑胶制品。

李嘉诚在推销五金制品之时，也敏锐地感到塑胶制品的巨大威胁。

一次他和一个推销塑胶桶的公司老板不期相遇。那次李嘉诚成了这位老板手下的败将，因为酒店更青睐于使用塑胶桶，而不惜废掉买白铁桶的口头协议。

他在这次经历中认识了这位塑料厂的老板，并通过推销工作中的观察，发现塑料容易成型，质量轻，色彩丰富，美观适用，虽然也有容易老化、含毒性物质等缺点，但这些缺点被人们趋赶时髦的风气所湮没，所以它能够替代众多的木质或金属制品，为大众接受。

并且，虽然在起初塑胶制品是奢侈品，价格昂贵，消费者都是富裕阶层。但是塑胶制品的价格一直呈下降趋势，舶来品越来越多，特别是港产塑胶制品面市，造成价格大跌。李嘉诚清晰地意识到，要不了多久，塑胶制品将会成为价廉的大众消费品。

于是，他决定去塑料厂做推销员。

正是他的敏锐观察，善于分析，让他走进了这个新兴的产业，也正是他的敏锐而细致的观察也让他在塑料制品推销中大展身手，再次创造辉煌的成绩。

李嘉诚把推销当成自己事业去对待，而不仅仅是为了钱。他很关注塑胶制品的国际市场变化，他的信息大多来自报刊资料和四面八方的朋友，所以他总能适时建议老板该上什么产品、该压缩什么产品的生产……他还细心地把香港划分成许多区域，每个区域的消费水平和市场行情，都详细记在本子上，由此他知道哪种产品该到哪个区域推销、销量应该是多少……

正是因为李嘉诚注意日常观察总结，工作勤奋努力，他在加盟塑胶公司仅一年工夫，就成为了公司里的销售冠军，公司里有着丰富销售经验的老手也只能望其项背。老板拿出财务的统计结果，连李嘉诚都大吃一惊——他的销售额是第二名的7倍！

18岁的李嘉诚被提拔为部门经理，统管产品销售。两年后，他又晋升为总经理，全盘负责日常事务。此时，李嘉诚已是塑胶公司的台柱，成为高收入的打工仔，是同龄人中的杰出者。他才20出头，就爬到打工族的最高位置，做出令人羡慕的业绩。但在李嘉诚的人生字典中没有"满足"两字，他以自己的聪明才智，不断地进行新的人生搏击，不断寻找、抓住新的人生际遇，终于开创出自己的一片辉煌天地。

在了解了他这段人生经历中，我们看到了一个敏于思考，善于观察的奋斗者形象，他在推销中实践中敏锐地发现了推销塑料制品的巨大发展前景，于是，毅然选择跳槽，开始新的产品推销。

在一般人看来，他放弃在五金推销中的辉煌业绩，转手开始了一个还不知道未来发展前景怎么样的塑料制品有些冒险。但是，李嘉诚已经敏锐地嗅到了更大商机。

而进入塑料厂工作后，他依靠自己的勤奋和细心总结分析，敏锐地发现了各种推销产品的机会，并勇敢地抓住了这些机会，结果他成了销售冠军。

他走的每一步都和敏锐的观察与勤奋的付出是分不开的。这也启发我们想要获得成功,就要有敏锐的观察力和准确的预见力,我们需要努力去学习和实践,不断进取,踏踏实实地耕耘,最终才能获得这种敏锐洞察力,并发现机遇的能力。

## 目光长远,才能获得更多机会

人生充满选择,只有眼光长远些,再长远些,才能让自己在多重选择中正确抉择。毕竟,人不能为了一时的梦想而放弃一世的梦想。

1958年,李嘉诚30周岁,正所谓三十而立。

李嘉诚正是在这一年涉足房地产业。长江工业有限公司下设地产部和塑胶部,他非常看好香港地产业的前景,但未因此而放弃塑胶业。他的下一个目标是进军北美。美国和加拿大,都是发达的资本主义国家,尤其是美国,人口众多,幅员辽阔,消费水平极高,占世界消费总额的1/4。李嘉诚陆续承接过本港洋行销往北美的塑胶花订单,这纯属小打小闹,远不是他所期望的。

是年,他投得北角英皇道的地皮,兴建一幢十二层高的工业大厦,留下数层自用,把其余的单位出租。大厦落成后,香港物业价格随即大升。李嘉诚发觉房地产大有可为,于是开始部署把资金投放到地产市场。20世纪60年代中期,香港的房地产经历一场狂炒后,一落千丈。李嘉诚独具慧眼,他认为土地价格在未来一定会有再度回升的那一天,于是决定实行"人弃我取"的策略,用低价大量收购地皮和旧楼,在观塘、柴湾及黄竹坑等地兴建了工厂大厦,全部用于出租。

结果,不出3年时间,果然风暴平息,大批当年离港的商家纷纷回流,房产价格随即急涨。李嘉诚趁机把廉价收购来的房产高价抛售获利,并转购具有发展潜力的楼宇及地皮。这次他的策略是只买不卖，全都用来兴建楼宇。

20世纪70年代初，他就已经拥有楼宇面积达630万平方英尺，出租物业超过35万平方英尺，每年单是收租，就已达到了400万港元。

1971年6月，李嘉诚正式成立了负责地产业务的"长江置业有限公司"。在"长置"成立大会上，他为日后定下的目标：超越号称香港"地产大王"的"置地"。

置地公司由英国商人保罗·遮打，跟当时"怡和洋行"的香港负责人祈士域联手创立，号称全亚洲最大的发展商，也是全港最大的商业机构。1972年7月，李嘉诚把"长置"易名为长江实业集团有限公司，自任董事长兼总经理。这年11月，"长实"在香港挂牌，在市面公开出售股票，并在地产业屡出大手笔，先是拿出6 000多万元资金购买物业及地皮，并积极兴建高级住宅与商业楼宇。

到1977年，他又动用2.3亿港元，买入美资集团、希尔顿酒店及凯悦酒店，开创了华资在港吞并外资机构的先河。而李嘉诚历时两年半之久，全面进军"和黄"的整个过程简直如"蛇吞大象"，这是香港开埠以来华资收购英资的经典之作。"和黄"是老牌和记洋行及黄埔船坞的合作品。

1980年，"长实"终于持有"和黄"超过40%的股票，李嘉诚当上了"和黄"董事会主席。至此，李嘉诚坐上了香港华资地产龙头的位置，"李超人"的绰号不胫而走。

可见，李嘉诚能够取得如此大的成功，和他具有前瞻性眼光，能够把眼光放得更加长远是有关系的。

分析李嘉诚的成功经历，我们可以获得以下一些启发，我们也应该学会把眼光放长远一些。

把眼光放长远，会使我们不容易被眼前的得失所迷惑，往往能走在时代的前沿，看见别人所不能看见的东西，掌握事物发展的未来趋势，因而能先行一步。一个人想要在成功的道路上走远，首先要站得高看得远。

只有看得长远，他才能对自己以后要做的事情心里有底，才知道自己行进的方向，以及需要为此采取什么样的行动。

比如，当我们要选择一个行业从事推销的时候，我们要把眼光放长远，要站在社会发展的角度去全方位地考察这个行业的发展前景，然后再去选择是否从事这个行业。

在做推销的时候，要把眼光放长远一点，不要为了一时的利益，而损害自己的声誉，这是非常不值得的，要懂得长远的发展，不做一锤子买卖。

另外，在推销过程中，要知道市场永远是对的，事实最具说服力，要关注社会热点，关注国家政策，因为这些都可能决定着你未来销售之路的成败，能够把握住时代脉搏的人，才是更容易在起伏不定的市场中游走的人。

我们发现目标，并始终如一地坚持自己的事业，那么定然会有成功的机会，定然会获得更多的财富。

## 李嘉诚销售心经

» 随时留意身边有无生意可做，才会抓住时机把握升浪起点。着手越快越好。遇到不寻常的事发生时立即想到赚钱，这是生意人应该具备的素质。

» 绝不同意为了成功而不择手段，刻薄成家，理无久享。

» 苦难的生活，是我人生的最好锻炼，尤其是做推销员，使我学会了不少的东西，明白了不少事理。所以这些，是我用10亿、100亿也买不到的。

PART20

## "销售奇才"
## 史玉柱教你扭转局面东山再起

> 与其改变消费者固有的想法，不如在消费者已熟悉的想法上去引导消费者。
>
> ——史玉柱

史玉柱，从几千元起家到荣登《福布斯》大陆富豪榜，再到顷刻间财富灰飞烟灭，沦落为负债 2.5 亿元的 "中国首负" "中国最著名的失败者"，到凭脑白金 "咸鱼翻身"，再到踏上网游征途成功赴美上市，成为有数百亿资产的商业 "巨人"，史玉柱在商业界的经历堪称传奇。

## 谋定后动，便勇往直前

有些推销员在销售过程中，在行动之前总是提心吊胆，犹豫不决，虽然自己已经预测到对方可能是自己的潜在客户，但仍然不能下定决心，害怕自己认错人。在去见准客户的时候，心中也害怕失败，这种恐惧心理不断地打击推销员的自信，捆住了推销员的思想和手脚，让推销员在推销中不敢轻举妄动。

还有些人非常不自信，认为自己考虑的可能会出现失误，事情可能出现差错，在别人否定自己后，就选择了放弃，最终也导致推销的失败。

其实，干销售这一行多多少少要有些勇气，有些赌徒的精神，因为你是主动去把产品推销给客户，而你不知道人群中到底谁需要，所以你就要主动去问，而在问的时候，你就要赌一把，随便找个人问一问。如果你幸运，可能你第一个问的人就有购买意向，那是再好不过的了。但大多数人可能会不幸地遭到拒绝，这是非常正常的事情。

当然，成功的推销员都有点赌徒的精神，传奇人物史玉柱走上自己的创业道路，其中就有一些赌的成分。

史玉柱于1984年从浙江大学数学系毕业，那个年代，正是大学毕业生无比受重视的年代，毕业后他被分配到了安徽省统计局。因为工作表现出色，1986年安徽统计局将其列为干部第三梯队送至深圳大学软件科学管理系读研究生。他读研究生毕业回去后就会稳稳当当地升为处级干部。在很多人的眼中，他是非常幸运和幸福的人，并且即将官运亨通，但是，在深圳读研究生的日子让他产生了创业的想法。

史玉柱在整个研究生学习期间，恰逢"汉卡"市场慢慢进入了成熟期，做汉卡的高科技公司大都赚了很多钱，当时像联想这样的大户每年都能卖出十几万套"汉卡"。并且整个"汉卡"市场仍然具有巨大的需求。同时，伴随印刷业的发展，特别是中小型印刷厂大量的出现，自然带动了对印刷排版系统的需求。他也想从这场商业大潮中获得点儿什么，于是在其上研究生期间，他自己开发出一种M-6401桌面排版印刷系统，他经过长期研究改进，认为自己的产品具有很多当时的高科技公司开发的产品所不具有的市场优势。他预感到自己这项开发可能会给自己赚到很多利润。

其实，当时史玉柱从没有经商的经验，所以他对自己产品的自信在外人看来很大程度上有些冒险。

但他就是这样敢于冒险的人，他想赌一把自己的产品。1989年，当史玉柱在深大读完研究生毕业后，他做的第一件事就是辞职，他决定放弃前景光明的官职和稳稳当当的生活。他的领导和亲人都一致反对他的这种冒险做法。

但在史玉柱心里,他认为这件事情一定能办成,于是他毅然带着自己在读研究生时开发的M-6401桌面排版印刷系统返回了深圳。他先是用手中仅有的4 000元承包下了天津大学深圳电脑部。这个部门在开始只是徒有其名,根本没有一台电脑,虽然环境艰苦,但这没有阻挡住史玉柱创业的步伐。

当时深圳电脑价格最便宜的也要8 500元,史玉柱以加价1 000元的代价向电脑商家获得推迟付款半个月的"优惠",赊了一台电脑。为了尽快打开软件销路,史玉柱想到了打广告。没有广告费,他就以软件版权作抵押,在《计算机世界》上先做广告后付款。

史玉柱的付款期限只有15天,前12天他都分文未进,第13天他收到了3笔汇款,总共是15 820元,两个月以后,他赚到了10万元。令人没有想到的是史玉柱将10万元又全部投向了广告。

就这样,在4个月后,史玉柱成了百万富翁。

史玉柱的传奇式创业经历中,更多体现在他能把"不可能"的事情变成"可能"。他没有人的指点,没有接触过商业,但他勇敢地下海了;在没有钱的情况下,他勇敢地赊来一台电脑;在赚到钱的时候,本可以进行一些原始积累,以备突然发生的意外,而他却全部把资金投入到了广告中。正是他一步步地下准了"赌注",最后让他瞬间成了百万富翁。

看完他带有些传奇色彩的初次创业的经历,每一步都让人捏一把汗,如果他的软件不适应市场,那他就丢失了那份让人羡慕的好工作;如果他没有在半个月内签下订单,他就首先负债一万多元,那他就更没有钱投资了;如果他中间出现些意外,手头又没有余额,可能就要因为资金周转问题而破产。但是,他一步步赌得很顺。

难道他就是那么幸运,自己每一次都赌赢了吗?其实不然,他看似在赌，但他不盲目，赌的前提是他对自身能力的一种认知和正确把握。

也曾有人问过史玉柱："如果当时15天过去，你仍然没有收到钱，不够支付款项又该怎样？"史玉柱的回答是："我对市场和自己的产品有绝对的信心。"凭借信心，史玉柱赢了第一步。

100万元成为了一个新的起点。因为对技术和市场的把握，让史玉柱成功地跨过创业第一道槛。之后，"汉卡"从M-6402一直到M-6405，都获得了巨大成功。现在看来，史玉柱"汉卡"创业的每一步谋划上，都谋定而后动，没有一步踏空，而这绝对不是一个只靠冒险和运气而生存下来的"赌徒"行径。

其实，他在行动之前，虽然不知道未来还会有什么意外，但他肯定自己的发展大方向是正确的。在这个大前提下，他认为自己值得去冒险，他认为一定能够成功，自己能够承受冒险之后可能失败的结果。

在销售行业中，我们销售人员也应该有这种谋定后动，然后勇敢前进的冒险心态。这种冒险不是盲目的，不是人们所说的有勇无谋和急躁冒进，而是在冷静分析之后，稳扎稳打地前进，保证每一步都能获得一定的成功，这样一步步走下去，你终会获得更大的成功。

## 发挥自己优势，做最擅长的事情

不管是个人销售还是一个企业的营销，都可能会遇到这样的问题：当其他推销人员凭借自己一张巧嘴，取得大量订单的时候，有更多的人选择去练就口才，即便他的确没有这方面的天赋，依然盲目追随；一些企业看到其他企业的在某个市场上的营销方案做得非常好，就随即跟风,即便这个领域自己并没有优势,仍然充满希望地拿弱项跟其他企业比强项。

其实,有斗志、有奋斗精神是非常可贵的,但如果没有认识到自身条件盲目地去做自己不擅长的事情,这一赌注定是失败的。

史玉柱在第一次创业失败后,总结出了这个教训,不能平均用力,不能什么都去赌,要去做自己擅长的事情,赌自己认为能够成功的事情。

1997年下半年,史玉柱奔波之后并没能堵上巨人大厦的资金黑洞,终于一赌成恨,血本无归。此后两年多的时间,史玉柱都在人们的视野之外。当然,具有强大的心理承受能力的史玉柱并没有随"巨人"一样倒下,而是开始反思自己的行为,为东山再起做着准备。

由于巨人的倒下,不名一文的史玉柱向朋友借了50万元,带领着十几名忠实的追随者转战江浙、东北,开始再度创业的历程。有很多人认为,他的这一次翻本,一定是放手一搏、孤注一掷。但是,从"脑白金"的营销历程来看,史玉柱不再那么冲动了。

1998年,史玉柱重新回到自己熟悉的保健品市场。这一次他有针对性地将目光瞄准了江苏省江阴市。随即,他戴着墨镜在江阴走村串镇,挨家挨户和人聊天,在聊天中史玉柱不但了解到什么功效、什么价位的保健品最适合老人,而且知道了老人们吃保健品一般舍不得自己买,也不会张口向子女要。这些极其鲜活的第一手素材为史玉柱创造"今年过年不收礼,收礼还收脑白金"这句广告词提供了灵感。

后来,史玉柱先是试探性地花了10万元广告费在江阴打市场,很快产生了热烈的市场效应,影响到了无锡。于是,他们用赚到的钱接着在无锡打市场,然后无锡也有了很好的市场反应。

史玉柱心里有数了,他对下属们说:"行了,我们有戏了,我说这个产品一年至少可以上10个亿元的销售额。"接着他们的市场开到了南京，以带动整个江苏，同时也在吉林启动。很快，常熟、宁波、杭州都做开了市场。

就这样，在1999年3月，史玉柱终于在上海注册成立了一家新的公司——上海健特生物制品有限责任公司。当年，新公司的主营产品"脑白金"销售额就达2.3亿元。

之后，他又在保健品市场中大展身手，又出品"黄金搭档"，一步步再次走向了事业的又一个制高点。

在2001年的高调还款之后，史玉柱变得沉稳了。再一次投入市场洪流的史玉柱开始摒弃过去的多元化经营模式，变得专注起来。

他说："我现在给自己定了这样一个纪律，一个人一生只能做一个行业，不能做第二个行业；而且不能这个行业所有环节都做，要做就只做自己熟悉的那部分领域，同时做的时候不要平均用力，只用自己最特长的那一部分。"经历了人生最低谷的史玉柱显得保守而谨慎，他甚至为自己制定了三项"铁律"：第一，必须时时刻刻保持危机意识，每时每刻提防公司明天会突然垮掉，随时防备最坏的结果；第二，不得盲目冒进，草率进行多元化经营；第三，让企业永远保持充沛的现金流。

可见，失败对于那些有志于成就伟业的人来说是上天赐予他们的巨大且宝贵的精神财富，在失败的经历中，史玉柱学到了很多，总结出很多以前未曾意识到的一些经验教训，而这些为其二次创业的成功打下了坚实的基础。他从失败中总结出了一个企业要做自己擅长的事情、熟悉的事情，不能踏足自己不了解的行业，否则，一旦危机到来自己都无法预测。

扬长避短也是我们销售人员应该牢记的，每个人身上都有缺点，不要以为自己是完美的，什么都能干。要正确客观地认识自己的优缺点，然后充分发挥自己的优势才能，做自己擅长做的事情，这样才能更容易取得成功。

比如，作为推销人员如果你有幽默的天分，就发挥出来，不要让自己也装成学者的样子，那个形象不适合你，你也不擅长；如果你不善言谈，就让自己的语言变得简洁明快，如果你也滔滔不绝，说的话没有其他推销员流利且措辞恰当，就不要去尝试，否则只能起到相反的效果；如果你对房地产比较熟悉，那就做销售房子的生意吧，因为你比其他人更懂……

总之，做自己擅长的事情，专心做自己擅长的事情，你就会成为专家，你才更有把握成功。

## 不在一棵树上吊死，适时转型

销售这份工作是随时充满变化的，在动荡变化中，有很多对自己有弊的变化，当然，也有很多对自己有利的变化。成功者往往能够随机应变，抓住更多的成功机会，快速登上成功高峰。

史玉柱就是一个善于在变化中发现机遇、抓住机遇的人。

1998年"脑白金"进入市场时，保健品市场的同类产品处于相对空白状态，所以，史玉柱稳稳地赚了一笔，当市场上类似产品越来越多时，他选择了卖掉"脑白金"，这说明他懂得了全身而退、见好就收。

而当维生素产品"黄金搭档"进入市场时，这个市场基本是被国外同类产品占据，只是缺乏国内同类产品，所以，他抓住本土产品更熟悉消费者特点这个优势，进行大部头的营销宣传，通过自己强大的营销团队的努力，最终也取得了很好的成就。

虽然，脑白金和黄金搭档都已经取得了不错的效果，但史玉柱早已经意识到它们终归不是永恒的赚钱支柱，即使它们比竞争产品有着更长的生命周期，但投资新热点才是保持活力的基础。

在复出之后，史玉柱已经明白很多事情不是仅凭激情、创意、拼命加班就可以做到的，当实现一个梦想需要的资源超出自己的能力时，就必须借助外力。

事实上，要保证做好热点产品，资金的安全无疑是保证做得长久的前提。但怎样才能保证自己不再被市场诱惑？还完欠款的史玉柱意识到，自己当年失败的一大原因是缺乏融资渠道。而融资平台的搭建莫过于上市。史玉柱于是决定走上市融资这条路，这样才有资金灵活转型。

而正在这个时候，四通控股的当家人段永基正在寻找新的赢利点。两人一拍即合。2003年12月，四通控股斥资12亿元收购脑白金及黄金搭档相关的知识产权及营销网络。四通电子随即更名为四通控股，史玉柱出任总裁。通过和史玉柱的合作，四通控股实现了转型，史玉柱带来的保健品产品（脑白金和黄金搭档）利润高达四通控股的80%。而史玉柱经此一役，也解决了融资渠道的问题。

投资网游，一直被人们视为"豪赌"，甚至有人预言了《征途》的死期。但事情的发展超出了人们的预期，当《征途》游戏公开露面之时，网络游戏市场已经进入群雄争霸之时，市场培育已经完全成熟，但暴利本色未褪，史玉柱又安然地赚了大把钞票。

史玉柱的理性，似乎已经达到了一个常人难以企及的高度，他对于自己的投资思路，也有着非常清醒的独到见解："任何一个行业今年赚钱明年未必能赚钱。回过头来看这十年来的洗衣机、电视机行业里，当时是很赚钱的，但是目前来看，没有一个成为朝阳产业，最后搞得大家都不赚钱，所以一个企业不能在一棵树上吊死。但是搞多元化也不行，最少我认为自己不行。基于这种情况，我认为应该结合比尔·盖茨与李嘉诚的路子：集中几乎全部的人力投入到主营产业，集中一半的财力投入到主营产业，留一半的财力作其他方面的投入，容易变现且不需要投入很多精力的。当主营业务出现危机时，可以通过这一块在现金流量方面给予支持。"

史玉柱一路走来，走得越来越成熟，他不再只是一个做保健品的营销高手，已经逐渐成为了一个经验老到的投资家。他能够把卖得如日中天的产品卖掉，投资新的行业；能够适时融资；能够从几乎没有盈利可能的网游中再创佳绩，这些都是因为他懂得，没有永恒的暴利，也没有永恒的产业。在变化中求生存，在变化中求发展，不断寻找新的赢利点，不在一棵树上吊死。

不断告别过去，通过理性的转型来拓展新的机会和市场，作为一个投资家来说，史玉柱的思想纬度可能超越了他的投资纬度。

同样，作为销售人也应该有随时适应变化，在变化中寻找新的赢利点的能力。善于不断转变思路，培养发散思维，灵活转变思路和角度来解决存在的销售问题，不要一条道走到黑，这样才会有更多机会碰触成功。

## ✓ 史玉柱销售心经

» 所谓人才就是你交给他一件事情他做成了，你再交给他一件事情，他又做成了。

» 与其改变消费者固有的想法，不如在消费者已熟悉的想法上去引导消费者。

» 营销是没有专家的，唯一的专家是消费者。你要搞好的策划方案，你就要去了解消费者。